DR. ROBIN RICHTER | EBERHARD SCHÄFER

DAS PAPA HANDBUCH

Alles, was Sie wissen müssen
zu Schwangerschaft, Geburt
und dem ersten Jahr mit Baby

Inhalt

5 Alltag, **Spiel und Spaß** mit Kind

6 Eltern werden, **Paar bleiben**

7 Getrennte Wege, **gemeinsame Aufgaben**

8 **Väter** zwischen Familie, Beruf und Freizeit

Zum Nachschlagen

Ein neues Leben MIT neuen HERAUSFORDERUNGEN

Sie werden Vater, wie wunderbar! Sie sind voller Vorfreude, gehen nun aber auch mit zahlreichen Fragen und Gedanken schwanger? Viele werdende Väter wollen ihre Vaterschaft von Anfang an bewusst gestalten und ihr Kind und ihre schwangere Partnerin verantwortlich und gleichberechtigt begleiten. Das erleben wir als Väter, als Familienforscher und als langjährig erfahrene Praktiker in der Beratungs- und Bildungsarbeit mit Vätern, Familien und Kindern immer wieder.

Wie Sie Ihren eigenen, ganz persönlichen Weg als aktiver Vater finden, erfahren Sie in diesem Buch, in dem wir Ihnen viele Fragen rund um Schwangerschaft, Geburt und die erste Zeit mit Ihrem Kind beantworten.

Wir wünschen Ihnen von Herzen alles Gute und viel Freude auf Ihrem Weg als Vater.

BEWUSST Vater werden, AKTIV VATER SEIN

Väter von heute wollen ihrem Kind ein liebevoller Begleiter und präsenter Ansprechpartner sein. Sie wollen von Anfang an eine intensive Beziehung zu ihm aufbauen und diese aktiv gestalten. Das ist großartig, aber nicht immer leicht. Vor allem dann, wenn man sich zwischen den Herausforderungen in der Familie einerseits und denen im Beruf andererseits hin- und hergerissen fühlt. Trotzdem: Das Leben mit einem Baby macht (fast immer) richtig Spaß.

ENGAGIERTER VATER – GLÜCKLICHES KIND

Dabei sein von Anfang an – das ist für Väter heute eine Selbstverständlichkeit. Über neunzig Prozent aller Väter sind bei der Geburt ihrer Kinder dabei. Werdende Väter informieren sich eingehend über alle Fragen rund um die Geburt und die erste Zeit mit ihrem Kind – und das ist auch gut so!

Es lebe der Wandel!

Der grundlegende Wandel in den Rollen von Vätern hat sich zum Großteil innerhalb der letzten 50 Jahre vollzogen: Früher warteten die Väter vor dem Kreißsaal nervös darauf, ihr Kind »begrüßen« zu können. Das eigene Baby zum ersten Mal im Arm zu halten war eine Zitterpartie und Bewährungsprobe. Und spätestens am Tag nach der Geburt ging es meist gleich wieder zurück zur Arbeit.

Heute ist das zum Glück ganz anders! Väter interessieren, informieren, kümmern und engagieren sich. Sie wollen einen frühen, intensiven Kontakt zu ihrem Kind. Viele werdende und frischgebackene Väter denken über eine Elternzeit nach. Auch hier schreibt die Generation der neuen Väter eine Erfolgsstory: 24 Prozent der elterngeldberechtigten Väter in Deutschland nahmen im Jahr 2018 Elternzeit mit einer durchschnittlichen Dauer von 3,8 Monaten.

Der Trend zur aktiven oder »fürsorglichen« Vaterschaft wird ganz überwiegend positiv bewertet. Er kommt dem Wunsch vieler Väter und Mütter nach einer ausgewogenen Verteilung von

Familien- und Berufsarbeit entgegen. Noch wichtiger: Das Baby – Ihr Baby – gewinnt durch Ihre Aufmerksamkeit und Ihr Engagement. Ihre intensive Zuwendung als Vater ist ungemein wichtig für die Entwicklung Ihres Kindes!

Was brauchen Männer, um aktiv Vater sein zu können? Sie brauchen das Selbstvertrauen, den Mut und die Chance, einen eigenen Weg im Umgang mit Kindern gehen zu können. Mit diesem Buch möchten wir Sie ermutigen, diese Haltung innerhalb und außerhalb der Familie auch bei möglichem Gegenwind zu vertreten. Denn eins ist sicher: Väter bringen eigene Qualitäten, Fähigkeiten und Herangehensweisen in die Erziehung ein. Väter fördern ihre Kinder anders als Mütter. Kinder gewinnen durch diese Unterschiedlichkeit.

VÄTERFORSCHUNG: FAKTEN, FAKTEN …

Väter wurden lange Zeit in Familienforschung und Entwicklungspsychologie kaum beachtet. Der Vater war der Ernährer der Familie, und das war's. Die Vater-Kind-Beziehung schien weder der Rede noch der Forschung wert zu sein. Wie wichtig Väter über die materielle Versorgung hinaus für die gesamte Familie sind, damit befasst sich die Forschung seit etwa 40 Jahren und die Ergebnisse sind bemerkenswert (siehe Seite 236).

- Wenn beide Eltern sich um das Kind kümmern, kann und muss es sich von Anfang an mit zwei verschiedenen Menschen auseinandersetzen – mit zwei verschiedenen Arten, versorgt und gefördert zu werden sowie Grenzen gesetzt zu bekommen. In der Forschung setzt sich mehr und mehr die Erkenntnis durch, dass der Einfluss des Vaters auf das Kind größer ist, wenn sich sein Verhalten in Erziehung und Versorgung von dem der Mutter unterscheidet. Versuchen Sie deshalb erst gar nicht, die »bessere Mutter« zu sein. Entwickeln Sie Ihren eigenen Stil. Trauen Sie sich! So wurde zum Beispiel in Untersuchungen nachgewiesen, dass Väter von ihrem neugeborenen Baby emotional ebenso bewegt sind wie Mütter: Herzfrequenz, Blutdruck und Hautreaktionen, etwa die Schweißproduktion, verändern sich bei Vätern beim Anblick ihres weinenden oder lächelnden Babys genauso wie bei Müttern (siehe Seite 236).

- Wenn Väter ihr Baby füttern, sind sie sehr aufmerksam. Sie reagieren »richtig« auf sein Bedürfnis, eine kurze Pause beim Trinken zu machen, und erfassen ebenso gut, wann das Baby genug getrunken hat. Auch wenn Babys spucken müssen, reagieren Väter fast immer rechtzeitig.
- Wenn ihr Baby weint, nehmen Väter es intuitiv auf den Arm, tragen es und sprechen mit ihm. Väter tun das übrigens häufiger, wenn die Mutter des Kindes nicht dabei ist.
- Väter, denen Forscher im Rahmen von Studien die Augen verbunden hatten, erkannten ihr eigenes Baby unter vielen anderen innerhalb einer Minute, indem sie seine Hände ertasteten und erspürten. Dass andererseits doppelt so viele Mütter wie Väter ihr Baby erkannten, indem sie sein Gesicht berührten, lag daran, dass die Mütter doppelt so viel Zeit mit ihrem Baby verbracht hatten.

Kurz zusammengefasst: Kinder brauchen Väter, um sich optimal entwickeln zu können. Sie brauchen Väter, die eine enge emotionale Bindung zu ihnen aufbauen, und das möglichst früh. Das heißt: Je mehr Sie sich mit Ihrem Kind beschäftigen, je mehr Zeit Sie mit ihm verbringen, desto besser kennen Sie es und desto intensiver wird Ihre Beziehung sein!

Scheinbar naturgegebene Unterschiede zwischen Vätern und Müttern müssen relativiert werden. Wenn ein Vater sich längere Zeit mit seinem Baby beschäftigt, sinkt sein Testosteronspiegel. Der Spiegel des Bindungshormons Oxytocin dagegen steigt. Das heißt, der Hormonhaushalt von Vätern verändert sich ähnlich wie der von Müttern – sie werden fürsorglicher, suchen von sich aus eine engere Bindung zum Kind, sind altruistischer. Und dies wirkt auf das Baby zurück: Es wendet sich dem Vater mehr zu. So entsteht eine engere Bindung zwischen Kind und Vater.

GUTE VORAUSSETZUNGEN SCHAFFEN

Natürlich helfen Ihnen gute Rahmenbedingungen dabei, einc intensive Beziehung zu Ihrem Kind aufzubauen:

- Väter, die sich gut auf die Geburt ihrer Kinder vorbereitet haben, kümmern sich später auch mehr um sie. Die Geburt des eigenen Kindes mitzuerleben und mit vorzubereiten ist ein prägendes Erlebnis. Es schafft eine sehr innige, starke Verbindung sowohl zwischen Vater und Kind als auch zwischen Vater und Mutter.
- Väter und Mütter brauchen gegenseitige Unterstützung, um sich um ihr Kind kümmern und Zeit mit ihm verbringen zu können. Wenn sich beide Eltern viel gemeinsam um das Kind kümmern, beschäftigt sich der Vater auch öfter allein mit ihm.
- Sind beide Elternteile berufstätig, fördert das die Vater-Kind-Beziehung: Väter in diesen Familien haben eine engere Beziehung zu ihren Kindern als Väter, die allein für den Lebensunterhalt der Familie sorgen.
- Last, but not least: Es ist erwiesen, dass Väter, die in ihrer Paarbeziehung glücklich sind, eine bessere Beziehung zu ihren

Kindern haben. Was Sie für eine glückliche Paarbeziehung und Ihre Balance zwischen Familie und Beruf tun können, lesen Sie ab Seite 166.

WARUM IHR KIND SIE BRAUCHT

Ihre emotionale Beteiligung, Ihre Zuwendung, Ihre ganz persönliche Art des Umgangs prägt Ihr Kind nachhaltig. Ihr väterliches Engagement wirkt sich auch eine Generation später positiv aus, wenn Ihr Kind eigene Kinder hat. Sogar für weitere Generationen ist Ihr Einsatz bereichernd, wenn intensive Vater-Kind-Beziehungen zu einer »guten Tradition« in der Familiengeschichte werden. Doch zunächst einmal bieten Sie Ihrem eigenen Kind einen guten Start, von dem es lebenslang profitiert, wie auch Studien belegen (siehe Seite 236).

- Väter spielen – tendenziell – wilder und mit mehr Körpereinsatz mit ihren Kindern. Sie überraschen Kinder mit unvorhergesehenen (Spiel-)Situationen und konfrontieren sie mit Neuem. So lernen Kinder, mit ungewohnten Situationen schnell zurechtzukommen.
- Kinder von engagierten Vätern sind im Alter von neun Monaten anderen Kindern in der Entwicklung deutlich voraus.
- Fünfjährige Kinder mit einer sehr vertrauensvollen Beziehung zu ihrem Vater sind selbstständiger, kompetenter und weniger ängstlich als Kinder, denen diese Beziehung zum Vater fehlt.
- Kinder von Vätern, die sich um deren schulische Belange kümmern, haben bessere Noten und eine positivere Einstellung zur Schule.
- Söhne, die mit ihren Vätern viel körperlich spielen und deren Väter einen partnerschaftlichen Erziehungsstil pflegen, werden

später sehr beliebte Jungen. Sie finden leichter Freunde und sind sozial anerkannter als Söhne von autoritären Vätern – diese sind weniger beliebt.

- Töchter von aktiven Vätern werden selbstbewusster, eigenständiger und entwickeln mehr Freude an Sport.
- Kinder, deren Vater von Anfang an als Bezugsperson aktiv ist, sind selbstständiger. Wenn der Vater häufig für das Baby präsent ist, baut es eine eigenständige Beziehung zu ihm auf. Wenn nicht, suchen Babys bei der Mutter, meist per Blickkontakt, das Einverständnis, ob es okay ist, dass Papa es jetzt auf den Arm nimmt oder mit ihm in Babysprache spricht.
- Kinder mit enger und vertrauensvoller Beziehung zum Vater tendieren als Jugendliche weniger zu Drogenkonsum.
- Kinder, die eine intensive Vater-Kind-Beziehung erleben, sind in ihren späteren Paarbeziehungen deutlich zufriedener als Kinder, die eine solche Beziehung nicht hatten.

INFO

Aktive Väter leben gesünder

Im Vergleich zu anderen Männern leben aktive Väter vergleichsweise gesund, denn sie toben mit ihren Kindern herum und sind viel an der frischen Luft. Da Kinder genau spüren, wann sie Entspannung brauchen, entdecken auch Väter wieder die Lust daran, im Gras zu liegen und gar nichts zu tun. Sie wollen ihren Kindern ein gutes Vorbild sein – auch in Sachen gesunder Ernährung oder beim Verzicht aufs Rauchen. Väter, die sich viel mit ihren kleinen Kindern beschäftigen, haben seltener den Anspruch an sich selbst, das Bild des »harten Mannes« zu erfüllen. Als aktiver Vater haben Sie also nicht nur viel mehr Spaß, auch Ihre Gesundheit profitiert vom Zusammensein mit Ihrem Kind!

Neun Monate,
DIE ES IN SICH HABEN

Vater werden ist eine der schönsten und vielleicht auch größten Herausforderungen im Leben! Während der Schwangerschaft ihrer Partnerin sind auch viele Männer gedanklich und emotional »schwanger« und ihre Gefühle fahren Achterbahn. Fahren Sie mit! Wir begleiten Sie und zeigen Ihnen, wie Sie sich optimal und mit Freude auf die Ankunft Ihres Kindes vorbereiten können.

HIMMELHOCH JAUCHZEND – ZU TODE BETRÜBT

Kaum haben Sie verstanden, dass Sie Vater werden, verändert sich auch schon alles ... Nicht nur der Bauch Ihrer Partnerin wächst. Alles gerät in Bewegung – ALLES, das ganze Leben. Sie beginnen mit dem »Nestbau«, räumen Wohnung oder Haus um, richten vielleicht ein Kinderzimmer ein. Neben diesen äußeren Veränderungen sind die 40 Wochen bis zur Geburt auch eine Zeit der emotionalen Achterbahnfahrten – zwischen freudiger Erwartung und sorgenvollen »Bauchschmerzen«.

Wenn Sie dieses Buch lesen, wissen Sie wahrscheinlich bereits seit einiger Zeit, dass Sie Vater werden. Männer berichten oft von ganz unterschiedlichen Zeitpunkten, an denen sie wirklich gespürt haben, dass sie Vater werden.

Einige haben bereits beim Sex das intensive Gefühl, jetzt gerade ein Kind zu zeugen. Andere sind beim Blick auf den positiven Schwangerschaftstest zutiefst berührt. Wieder andere Männer sind bei den ersten Ultraschallbildern hin und weg – »Das ist mein Kind? Genial!«.

Viele werdende Väter erleben die Bewegungen ihres Kindes im Bauch der Mutter als den entscheidenden »Kick« zu ihrem Vater-Bewusstsein. Spätestens bei der Geburt ihres Kindes platzt auch bei den letzten der Knoten endgültig.

Ob Sie nun bereits den großen Aha-Effekt hatten, ob Sie in Bezug auf Ihr zukünftiges Baby emotional schon tief bewegt waren oder vielleicht auch skeptisch auf die neue Situation blicken: Nehmen Sie sich Zeit, sich auf Ihr Vaterwerden und -sein einzustimmen, und seien Sie, wo es möglich ist, mit Gefühl und

Verstand ganz nah bei Ihrem Baby und Ihrer Partnerin. Wir möchten Sie dabei begleiten, die Schwangerschaft und das Wachsen Ihres Kindes aktiv mitzuerleben, sich auf seine Geburt und Ihr Vatersein vorzubereiten.

Männer auf Wolke sieben

Für sehr viele Männer ist es ein fantastisches Gefühl, Vater zu werden. Ein Kind bringt mehr Bedeutung und Verbindlichkeit für die Paarbeziehung und das ganze Leben. Oft gibt es dem Leben einen tieferen Sinn. Es macht Sie unendlich wichtig. Und es ermöglicht Ihnen, etwas von sich weiterzugeben.

Viele werdende Väter freuen sich darauf, mit ihrem Kind zu spielen, auf allen vieren durch die Wohnung zu krabbeln, zu schmusen, zu toben und zu kuscheln. Aber auch für diejenigen, denen kein bestimmter Grund einfällt, sich für Kinder zu entscheiden, gehören sie doch irgendwie zum Leben dazu.

Doch klar ist auch: Nicht immer ist alles eitel Sonnenschein. Vor allem bei ungeplanten Schwangerschaften oder außerhalb einer festen Partnerschaft kommen häufig Unsicherheiten und viele Fragen auf – ab Seite 194 bieten wir Hilfen an. Wenn sich immer wieder einmal Bedenken einschleichen oder Sie sich bange Fragen stellen, dann ist das ganz normal.

»Kinder sind die wirklichen Lehrmeister des Lebens.«

PETER ROSEGGER | ÖSTERREICHISCHER HEIMATSCHRIFTSTELLER (1843–1918)

»BAUCHSCHMERZEN« WERDENDER VÄTER

Viele werdende Väter tragen sich teilweise auch mit weniger erfreulichen Gedanken, die sie mit dem Übergang vom Mannsein zum Vatersein verbinden – vor allem, wenn sie sich nicht bewusst fürs Vaterwerden entschieden haben. Angesichts der großen und lebenslangen Aufgabe, die wir mit der Entscheidung für ein Kind oder für mehrere Kinder eingehen, wäre es auch eher verwunderlich, wenn sich nicht auch Fragen und Sorgen einschleichen würden.

Vaterschaft heißt verbindlich sein. Vaterschaft ist eine Bindung, die – anders als ein Arbeitsverhältnis – unkündbar ist. Einmal Vater, immer Vater. Väter tragen große Verantwortung, die sie mit einer Reihe von Fragen konfrontieren kann:

- Vatersein gehörte nicht zu meiner Lebensplanung – wie viel Verantwortung will ich für mein Kind übernehmen?
- Ist jetzt der richtige Zeitpunkt für mich, Vater zu werden?
- Bin ich nicht noch zu jung für Kinder?
- Bin ich nicht schon zu alt dafür?
- Wie sehr wird ein Kind meine Freiheiten einschränken?
- Wird mein Kind gesund zur Welt kommen?
- Werden meine Partnerin und mein Kind die Schwangerschaft und die Geburt gut überstehen?
- Kann ich mir/können wir uns Kinder überhaupt leisten – sowohl in zeitlicher als auch finanzieller Hinsicht?
- Wie werden sich unsere Beziehung und meine Persönlichkeit sowie die meiner Partnerin verändern?
- Wird sich meine Partnerin körperlich verändern?
- Wird sich unsere Sexualität anders entwickeln?
- Passt ein Kind wirklich in unser Leben?

Zwischen großer Freude, Bedenken und Befürchtungen ist das Vaterwerden also eine spannungsreiche Lebensphase, die auch als »Rushhour des Lebens« bezeichnet wird: Berufsausbildung und Karriere, Familiengründung und die Koordination persönlicher und partnerschaftlicher Interessen und Aufgaben müssen gleichzeitig bewältigt werden.

Reden ist Silber, Schweigen ist Schrott!

Zwischen Freude und Sorgen hin- und hergerissen zu sein ist ganz normal. Ihrer Partnerin wird es wahrscheinlich ähnlich gehen wie Ihnen. Sprechen Sie miteinander über die Dinge, die Sie bewegen! Ärzte, Hebammen, Paar- und Familienberater stellen immer wieder fest, dass Paare, auch werdende Elternpaare, zu wenig voneinander wissen, weil sie zu wenig miteinander sprechen. Reden hilft – fast immer, vor allem in Zeiten von Veränderung und bei der Vorbereitung auf die Geburt.

Es entlastet, befreit und eröffnet Ihnen als (Eltern-)Paar neue Horizonte. Viele Anregungen, wie Sie die Geburt Ihres Kindes als Chance für sich und Ihre Beziehung zu Ihrer Partnerin nutzen können, bekommen Sie im Kapitel 6 ab Seite 166. Sie können jedoch schon in der Schwangerschaft beginnen, Ihre Freuden, Wünsche, Erwartungen und Befürchtungen zu teilen. Manchmal ist es auch gut, sich zunächst mit Freunden, Verwandten oder vertrauten Kollegen zu besprechen, die vielleicht schon Väter sind. Bei größeren Zweifeln oder Ängsten kann es hilfreich sein, sich an Beratungsstellen für Männer und Väter beziehungsweise für Familien- und Sexualberatung zu wenden (Adressen: www.familienplanung.de).

TIPP

Austausch innerhalb und außerhalb der Beziehung

- Reden Sie mit Ihrer Partnerin über Ihre Gedanken und Gefühle zu Ihrer Vaterschaft.
- Suchen Sie den Austausch mit Männern, die bereits Väter sind. Was hat sich für sie verändert, wie haben sie die Herausforderungen des Vaterwerdens gemeistert?
- Sprechen Sie mit Ihrem eigenen Vater darüber, wie er Ihre Geburt damals empfunden hat. Für werdende Eltern kann sich die Beziehung zu den eigenen Eltern auf wunderbare Weise verändern (siehe Seite 53).
- Wenn Sie mit der Mutter Ihres Kindes nicht zusammenleben, besprechen Sie, wie Sie sich an Schwangerschaft, Geburt und Betreuung Ihres Kindes beteiligen können (siehe auch Kapitel 7 ab Seite 194).

IHR KIND ENTSTEHT – UND SIE SIND LIVE DABEI!

Ihre Partnerin ist schwanger – so viel ist klar! Aber wie funktioniert es eigentlich, dass aus einem Ei und einer verschwindend kleinen Samenzelle ein Mensch wird? Verfolgen Sie die Reise Ihres Kindes. Hier ist Ihr Schwangerschaftsfahrplan:

So entwickelt sich das Baby

1. MONAT: SIE WERDEN VATER!

Wenn Ei und Samenzelle zueinandergefunden haben, teilt sich die befruchtete Eizelle unaufhörlich. Sie nistet sich in der Gebärmutter ein und ist so mit ihr verbunden. An dieser Verbindung entsteht die Nabelschnur, die in der Plazenta (Mutterkuchen) endet. Über die Plazenta wird der Embryo mit Nährstoffen versorgt, die Blutkreisläufe von Mutter und Kind bleiben dabei getrennt. Hat sich die »Zellkugel« eingenistet, bleiben die Regelblutungen aus – oft das erste Signal für eine Schwangerschaft. Herzlichen Glückwunsch!

Sobald Sie wissen, dass Sie Vater werden, sollten Sie Ihre Partnerin bei körperlichen Tätigkeiten entlasten. Alles, was über fünf Kilo wiegt, ist nun für die nächsten Monate Ihr Job! Gerade in den ersten Schwangerschaftswochen kann Überanstrengung zu Fehl-, in den späteren Monaten zu Frühgeburten führen. Versuchen Sie auch, unnötigen Stress zu vermeiden. Denn bereits jetzt ist Ihr Kind sehr empfänglich und empfindlich für Gefühlsschwankungen seiner Mutter.

Wenn Sie das Wachstum Ihres Kindes im Bauch seiner Mutter als »Daumenkino« festhalten möchten, machen Sie mit Beginn der Schwangerschaft jede Woche ein Profilfoto von Ihrer Partnerin, etwa seitwärts im Türrahmen stehend. Sie können die Bilder später aneinanderlegen und so die Schwangerschaft im »Zeitraffer« nacherleben. Mit Selbstauslöser könnten Sie sich sogar dazustellen.

2. MONAT: ES WÄCHST UND WÄCHST ...

Zellteilung und Wachstum gehen mit rasanter Geschwindigkeit weiter. Ihr Kind ist jetzt etwa fünf Millimeter groß. Aus der »Zellkugel« entwickelt sich erkennbar ein Mensch: Wirbelsäule, Nervensystem und Gehirn wachsen, das Herz beginnt zu schlagen. Auch die Anlagen für Arme und Beine haben sich gebildet. Die Ansätze von Fingern und Zehen und die Konturen des Gesichts sind bereits zu erkennen.

Im zweiten Schwangerschaftsmonat haben viele Frauen mit Übelkeit zu kämpfen. Sie wird durch das Schwangerschaftshormon Progesteron ausgelöst. Bei den meisten Frauen legt sich die Übelkeit gegen Ende des dritten Monats, bei manchen aber erst später. Mit dieser unangenehmen Begleiterscheinung kann sich die Schwangerschaft bereits jetzt auf die Paarbeziehung auswirken. Rücksichtnahme und Unterstützung sind angesagt, auch wenn's manchmal schwerfällt.

3. MONAT: KLEINE AUSSERIRDISCHE

Ihr Kind ist jetzt etwa so groß wie eine Kirsche – und: Es kann sich schon bewegen! Alles, was ein Mensch an Organen und Körperteilen braucht, ist bereits vorhanden. Das Baby hat jetzt noch viel Platz in der Fruchtblase, von der es umgeben ist, und es turnt lebhaft in der Schwerelosigkeit des Fruchtwassers herum. Bei einer Ultraschalluntersuchung ist Ihr Kind nun schon gut zu sehen; es mutet wegen des sehr großen Kopfes etwas außerirdisch an.

4. MONAT: ZEIT FÜR EINEN BAUCHNAMEN

In den ersten drei Monaten hieß Ihr Kind medizinisch »Embryo«, ab jetzt wird es »Fötus« genannt – beides keine wirklich schönen Namen. Seien Sie kreativ und suchen Sie gemeinsam mit Ihrer Partnerin einen schönen »Bauchnamen« für Ihr Kind! Es ist jetzt ungefähr so groß wie ein Tischtennisball. Auf dem Ultraschallbild sind die Geschlechtsorgane bereits zu erkennen. Entscheiden Sie gemeinsam, ob Sie über die Junge-oder-Mädchen-Frage Bescheid wissen wollen. Eventuell beginnen die Brüste Ihrer Partnerin schon in der frühen Schwangerschaft Vormilch zu produzieren.

5. MONAT: REDEN SIE MIT IHREM KIND

Spätestens jetzt wird der »Bauchname« aus Monat 4 wichtig. Das Gehör bildet sich aus: Ihr Kind nimmt Stimmen, Geräusche und Musik von außen wahr. Es ist auch sehr empfänglich für Stimmungen und reagiert auf Stress und Entspannung seiner Mutter. Eine gute Zeit, Ihr Kind aktiv ins Familienleben einzubeziehen! Reden Sie mit ihm. Auch wenn es Ihre Worte noch nicht verstehen kann, hört es Ihre Stimme und merkt, dass Sie in Gedanken bei ihm sind. Wenn Sie schon jetzt beginnen, auf diese Weise Kontakt zu Ihrem Kind aufzubauen, dann gelingt Ihnen auch der Beziehungsaufbau zu Ihrem Baby nach der Geburt leichter: Ihr Kind ist nicht »plötzlich« da, denn Sie kennen es ja aus seiner Zeit im Bauch!

6. MONAT: TURNSTUNDE, DIE ERSTE!

Meist beginnen jetzt die ersten »Turnstunden«. Ihr Kind wird richtig aktiv und hat mittlerweile eine Größe, die Ihre Partnerin die Bewegungen mal mehr, mal weniger deutlich spüren lässt. Wer sich viel bewegt, muss auch viel schlafen – und das tut Ihr Baby meist dann, wenn Ihre Partnerin sich bewegt. Ruht sie sich aus, kann es sein, dass Ihr Baby sich selbst bewegt. Eine gute Gelegenheit für Sie, die Hände auf den Bauch Ihrer Partnerin zu legen und mit Ihrem Kind Kontakt aufzunehmen. Es sieht übrigens schon aus wie ein kompletter Mensch: mit einem dünnen Haarflaum auf dem Kopf und zarten Augenwimpern. Es kann am Daumen lutschen, husten und niesen.

7. MONAT: TURNSTUNDE, DIE ZWEITE!

Ihr Kind wächst schnell, legt an Größe und Gewicht zu. Der Bauch Ihrer Partnerin wird immer runder. Ihr Kind hat da drinnen aber noch genügend Platz, um sich zu bewegen und Purzelbäume zu schlagen. Manchmal drückt es einen Arm oder ein Bein so stark nach außen, dass Sie das deutlich sehen können. Oft ist es nachts aktiv, sodass Ihre Partnerin wenig Schlaf bekommt und sich wohl auch tagsüber öfter ausruhen muss.

8. MONAT: LANGSAM WIRD'S ENG!

Ihr Kind kann zu diesem Zeitpunkt bereits gut zwischen hell und dunkel unterscheiden. Es macht die Augen auf und zu. Aufgrund seiner Größe hat es von nun an in der Gebärmutter deutlich weniger Platz, sodass auch seine Bewegungsfreiheit immer mehr eingeschränkt ist.

Die meisten Babys liegen kopfüber mit dem Po in der Nähe der Rippen ihrer Mutter. Anatomisch ragt auf der rechten Seite der Frau die Leber etwas in Richtung Gebärmutter, sodass Mütter den Po oben rechts spüren können. Das Baby »stemmt« sich gegen diese Platzeinschränkung: Das ist schon die günstigste Position für die Geburt. Aber auch jetzt kann es seine Lage noch ändern. Die Brüste Ihrer Partnerin sind bereits jetzt auf das Stillen eingestellt. Sie werden größer und produzieren Vormilch, die in kleinen Tropfen austritt.

9. MONAT: VON DER LÄNGE IN DIE BREITE

In den letzten Wochen der Schwangerschaft nimmt Ihr Kind nicht mehr an Länge, dafür aber an Gewicht zu. Es bilden sich Fettpolster und Wassereinlagerungen, die es bei und nach der Geburt schützen. Das angesammelte Fett dient außerdem als Kraftreserve für die erste Zeit nach der Geburt, bis die Muttermilch in ausreichendem Maß produziert wird. So hat die Evolution bereits für die vorübergehende Gewichtsabnahme der Babys nach der Geburt vorgesorgt.

In den letzten Schwangerschaftswochen setzen die Senkwehen ein. Eine bis drei Wehen pro Stunde, verteilt über den ganzen Tag, helfen, das Kind in die richtige Geburtsposition zu bringen. Dabei rutscht der Babybauch Ihrer Partnerin weiter nach unten und sie kann wieder besser atmen. Dafür wird sie aber häufiger zur Toilette gehen müssen, da das Kind nun verstärkt auf ihre Blase drückt.

Dann ist es bald so weit – Ihr Kind wird geboren. Übrigens: Die meisten Kinder wiegen bei der Geburt zwischen 2 800 und 4 000 Gramm und sind zwischen 48 und 54 Zentimeter groß.

Wie sich die nahende Geburt ankündigt, was dabei genau passiert und welche Rolle Sie dabei übernehmen können, erfahren Sie ausführlich ab Seite 73.

TIPP

Spiel mit Ihrem Baby vor der Geburt

Mit dieser Übung können Sie durch den Bauch Ihrer Partnerin Kontakt mit Ihrem Kind aufnehmen, es kennenlernen und mit ihm spielen. Sie kann außerdem eine Wohltat für Ihre Partnerin sein, besonders wenn sie an Rückenschmerzen leidet.

- Setzen Sie sich bequem aufs Bett und lehnen Sie sich an. Ihre Partnerin setzt sich mit ausgestreckten Beinen zwischen Ihre Beine und lehnt sich mit ihrem Rücken an Ihren Bauch. Legen Sie nun von hinten Ihre warmen Hände unten an ihren Bauch. Stellen Sie sich Ihr Kind im Bauch Ihrer Partnerin vor und versuchen Sie, gedanklich eine Verbindung herzustellen – schicken Sie ihm in Gedanken Ihre ganze Liebe.
- Nehmen Sie nun ganz langsam und vorsichtig das Gewicht des Bauches und Ihres Kindes in Ihre Hände auf, indem Sie den Bauch Ihrer Partnerin sehr vorsichtig anheben. Gehen Sie nur so weit, wie es Ihrer Partnerin und Ihnen angenehm ist. Versuchen Sie nun, mit leichtem Druck der ganzen Handflächen zu spüren, wie Ihr Kind liegt. Ist der Kopf rechts oder links, oben oder unten? Spüren Sie den Rücken oder die Beine?
- Beginnen Sie nun den Druck einer Ihrer Hände leicht zu verstärken. Sie drücken Ihr Kind auf diese Weise ein wenig Richtung Körpermitte Ihrer Partnerin. Nach etwa zehn Sekunden lassen Sie mit dem Druck nach und geben Ihrem Kind wieder Raum, ohne jedoch den Kontakt zu ihm zu verlieren. Reden Sie dabei mit Ihrem Kind – in Gedanken oder auch laut. Laden Sie es ein, Ihrer Hand zu folgen. Mit ein wenig Aufmerksamkeit und Übung werden Sie bald merken, dass Ihr Kind auf die Bewegungen Ihrer Hände reagiert, dass es mit Ihnen spielt.
- Lassen Sie Bauch und Kind nun ebenso langsam wie beim Anheben wieder herab – je langsamer und gleichmäßiger, desto besser.

RISIKOSCHWANGERSCHAFT – WAS IST DAS?

Im Lauf der letzten Jahre ist der Anteil der sogenannten Risikoschwangerschaften deutlich angestiegen. Heißt das auch, dass das Risiko für Mutter und Kind, bei der Geburt Schaden zu nehmen, gestiegen ist? Mitnichten: Immer weniger Mütter und Babys kommen während der Geburt zu Schaden. Doch jede Schwangere über 35 Jahren wird automatisch als »risikoschwanger« eingestuft. Weil Frauen in den letzten Jahrzehnten – durchschnittlich gesehen – immer später ihr erstes Kind bekommen, also auch immer mehr Frauen in ihrer (ersten) Schwangerschaft 35 Jahre oder älter sind, geraten immer mehr in diese Gruppe.

Gewiss steigt das Risiko, dass es dem Kind im Mutterleib nicht gut geht, dass es nicht gesund ist oder zu früh geboren wird, mit zunehmendem Alter der Schwangeren leicht an. Daher werden diese Schwangerschaften meist besonders »gründlich« kontrolliert. Oft werden zusätzliche Untersuchungen empfohlen, wobei das Mehr an Kontrolle in vielen Fällen zu einem Mehr an Verunsicherung führen kann. Auch wird diesen Frauen nahegelegt, Methoden der Pränataldiagnostik in Anspruch zu nehmen, die zu vermehrtem Stress und Ängsten führen können. Lassen Sie sich genau erläutern, welchen Vorteil welche Untersuchung bringen soll. Informieren Sie sich bei Bedarf zusätzlich bei Beratungsstellen (zum Beispiel pro familia, www.bzga.de), wenn umfangreichere (Pränatal-)Diagnostik empfohlen wird. Und: Informieren Sie sich vor den Untersuchungen, was deren Ergebnisse bedeuten und wie Sie mit ihnen umgehen möchten. Zunehmendes Alter ist jedoch nur einer von mehreren Risikofaktoren – und bei Weitem nicht der schwerwiegendste! Viel stärker steigt beispielsweise die Gefahr einer Frühgeburt, wenn die Schwangere raucht oder Alkohol trinkt.

Weitere Risikofaktoren:

- chronische Krankheiten der Mutter, etwa Diabetes
- vorausgegangene Kaiserschnittgeburten
- weitere Operationen an der Gebärmutter
- Mehrlingsschwangerschaften
- Komplikationen bei einer früheren Schwangerschaft
- Blutgruppenunverträglichkeit zwischen Mutter und Kind
- vorhandene Allergien (Medikamente und Lebensmittel)
- Blutarmut
- zu hoher oder zu niedriger Blutdruck
- Quer- oder Steißlage des Kindes bei nahendem Geburtstermin
- Alter der werdenden Mutter unter 18 Jahren

Ihre Partnerin und Sie sollten mit Ihrer Hebamme und/oder Ihrer Ärztin besprechen, welches Risiko besteht und welche Vorsichtsmaßnahmen sinnvoll sind.

- Gehen Sie möglichst gemeinsam zu den Vorsorgeuntersuchungen, verkürzen Sie gegebenenfalls in Absprache mit den Fachpersonen die Abstände.
- Helfen Sie Ihrer Partnerin, einen kühlen Kopf zu bewahren, indem Sie ihre Sorgen ernst nehmen und versuchen, die passenden sachlichen und fachlichen Informationen einzuholen.
- Fragen Sie bei Ärzten so lange nach, bis Sie wirklich wissen, was Sache ist!
- Wenn Ihnen die Diagnosen oder empfohlenen Verhaltensregeln für Schwangerschaft und Geburt über- oder untertrieben

vorkommen und Sie unsicher sind, holen Sie eine weitere Meinung von Hebamme oder Ärztin ein.
- Begeben Sie sich in die Obhut einer Hebamme, die auch Vorsorgeuntersuchungen durchführt. Bei Schwangerschaftserkrankungen muss die Frauenärztin diese Betreuung durch eine Hebamme anordnen.

Sie können Ihrer Partnerin im Umgang mit Schwangerschaftsrisiken sehr gut helfen, damit es ihr und Ihrem gemeinsamen Kind möglichst gut geht:
- Unterstützen Sie Ihre Partnerin dabei, sich während der Schwangerschaft besonders ausgewogen und gut zu ernähren. Viel Gemüse und Obst, kein Fast Food, leichte, vitaminreiche Kost und mehrere kleine Mahlzeiten über den Tag verteilt wirken gerade in den letzten Schwangerschaftsmonaten und bei Sodbrennen Wunder (hier kann auch ein teilweiser Verzicht auf Zucker und Weißmehl Linderung bringen).
- Sorgen Sie in Ihrem Zuhause für Ausgeglichenheit und Entspannung. Entrümpeln Sie Ihren Tag und Ihre Aufgabenliste und versuchen Sie, sich Zeit für Ihre Partnerschaft und die Einstimmung auf das Familienleben zu nehmen, anstatt die Wohnung oder das Kinderzimmer allzu perfekt auf die Ankunft Ihres Babys vorzubereiten.
- Nicht wenige werdende Mütter neigen dazu, auch während der Schwangerschaft noch ganz ihre »Powerfrau« stehen zu wollen. Beruf, Haushalt, Schwangerschaft – alles kein Problem? Von wegen! Tragen Sie als werdender Vater auch dazu bei, dass Sie beide sich auf die Geburt Ihres Kindes mit innerer Ruhe vorbereiten. Den Beruf und alles andere dürfen Sie beide jetzt auch einmal weniger wichtig nehmen!

SCHWANGERSCHAFT UND GEBURT – AUCH EIN VÄTERTHEMA

Es ist nicht leicht, als Mann in einem Bereich seinen Platz zu finden, in dem sich alles um die schwangere Frau dreht und in dem überwiegend Frauen arbeiten. Klar, nicht Sie sind schwanger, sondern Ihre Partnerin. Sie werden Ihr Kind auch nicht gebären oder stillen. Aber viele Fragen, Aufgaben und Entscheidungen rund um Schwangerschaft und Geburt gehen Sie sehr wohl etwas an. Sie helfen Ihrer Partnerin und Ihrem Kind am besten, wenn Sie von Anfang an aktiv dabei sind.

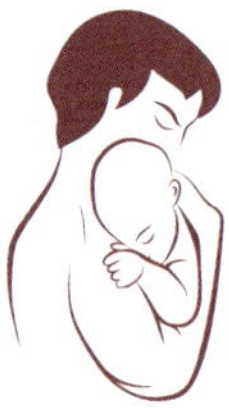

ERFAHRUNGSBERICHT

Walter, 36, zwei Kinder

Bereits in der ersten Schwangerschaft meiner Frau wollte ich sie so gut es geht unterstützen. Ich war total stolz drauf, Vater zu werden, begeistert davon, mit meiner Partnerin »einfach so« ein Kind »machen« zu können. Wir wünschten uns beide, dass auch ich von der Schwangerschaft so viel wie möglich mitbekomme. Daher bin ich zu den meisten Vorsorgeuntersuchungen mitgegangen.

Wir hatten auch schon früh Kontakt zu einer Hebamme, die uns drei bei der Geburt begleiten sollte. Zuerst war ich etwas irritiert, dass sie sich kaum um mich kümmerte. Ich kam mir über-

flüssig vor und war vielleicht sogar ein bisschen neidisch darauf, wie gut meine Frau und die Hebamme sich verstanden. Aber bei der Geburt wurde mir klar, wie wichtig die gute Beziehung zwischen den beiden war: Meine Frau konnte sich der Unterstützung und »Führung« der Hebamme sehr gut anvertrauen. Und ich war dankbar für ihre klaren Anregungen, die mir geholfen haben, meine Frau und mein Kind zu unterstützen.

Nehmen Sie schon jetzt aktiv teil!

Wenn Sie nicht nur bei der Zeugung und in der Schwangerschaft, sondern auch bei der Geburt Ihres Kindes dabei sein wollen, dann sollten Sie sich schon jetzt Gedanken machen, wie Sie Ihren Übergang vom Mann zum Vater mitgestalten wollen. Deshalb ist es gut und wichtig, sich als werdender Vater aktiv Informationen zu beschaffen und viele Entscheidungen rund ums Familiewerden gemeinsam mit Ihrer Partnerin zu treffen.

Im Lauf der Schwangerschaft sind eine Reihe von Vorsorgeuntersuchungen geplant. Es wird geprüft, gemessen und kontrolliert, wie sich Ihr Kind entwickelt und ob es Mutter und Kind gut geht. Grund genug für Sie, sich aktiv zu beteiligen. Begreifen Sie sich und Ihre Partnerin als »gemeinsam schwanger« und gehen Sie zu möglichst vielen Untersuchungen mit. Hier haben Sie Gelegenheit, alles aus erster Hand zu erfahren. Sie können der Ärztin oder Hebamme Fragen stellen und sich erklären lassen, wie das Kind im Bauch liegt. Sie können es bei den Ultraschalluntersuchungen betrachten. Leider gibt es immer noch Ärzte und Hebammen, die werdende Väter nicht von sich aus miteinbeziehen. Suchen Sie frühzeitig gemeinsam eine Ärztin oder einen Arzt, wo Sie sich beide gut aufgehoben fühlen.

Meist richten sich die Fragen von Ärzten vor allem auf das körperliche Befinden der Schwangeren. Die emotionalen, psychischen und sozialen Veränderungen, die werdende Eltern im Laufe der Schwangerschaft und vor allem in der ersten Zeit nach der Geburt durchleben, sind eher selten Thema. Deshalb erfahren Sie in diesem Buch mehr darüber.

Sehr angenehm kann es sein, zu (einem Teil der) Vorsorgeuntersuchungen zu einer Hebamme zu gehen. Hebammen nehmen sich meist mehr Zeit und kommen teils zu den Untersuchungen zu Ihnen nach Hause.

Frühzeitig eine Hebamme suchen

In Deutschland ist die Versorgung mit Hebammenleistungen mittlerweile sehr schlecht. Die Berufshaftpflichtversicherung für freiberuflich in der Geburtshilfe tätige Hebammen kostet mittlerweile über 9 000 € im Jahr – einer der wesentlichen Gründe, warum viele Hebammen aus ihrem Beruf aussteigen, sobald sie nicht mehr Vollzeit arbeiten wollen, oder Angestelltenverhältnisse in Kliniken suchen.

Angebot und Nachfrage klaffen also deutlich auseinander, vor allem in ländlichen Regionen. Wir empfehlen Ihnen daher, sich mit Ihrer Partnerin bereits sehr früh in der Schwangerschaft um eine Hebamme zu bemühen, für die Vor- und Nachsorge und für Geburtsvorbereitungskurse.

Haben Sie bei der ersten Hebamme, die Sie kennenlernen, nicht das Gefühl, dass die »Chemie« stimmt, suchen Sie weiter. Informationsgespräche mit mehreren Hebammen sind möglich, wichtig und können von den Hebammen auch mit den gesetzlichen Krankenkassen abgerechnet werden.

Sie beide entscheiden gemeinsam mit der Hebamme, wie viel Hebammenhilfe Sie in Anspruch nehmen wollen. Das heißt, ob die Hebamme Ihre Partnerin und Sie nur vor und nach der Geburt betreut (siehe Seite 115) oder ob sie auch die Geburt begleiten soll, sei es als Beleghebamme in einer Klinik, in einem Geburtshaus oder bei einer Hausgeburt (siehe ab Seite 37).

Welcher Geburtsort ist der richtige für uns?

Grundsätzlich wird zwischen klinischer und außerklinischer Geburtshilfe unterschieden. Letztere umfasst Hausgeburten, Geburten im Geburtshaus oder in einer Hebammen- beziehungsweise Arztpraxis. Bei klinischen Geburten werden stationärer und ambulanter Aufenthalt unterschieden. Bei beiden Varianten gibt es die Möglichkeit, mit einer Begleit-Beleghebamme zu gebären.

Ihre Partnerin, Ihr Kind und Sie selbst sind bei der Geburt die wichtigsten Personen. In erster Linie geht es darum, dass Ihre Partnerin sich am ausgewählten Geburtsort wohl und sicher fühlt. Grundsätzlich gilt, dass im Zweifelsfall die Entscheidung immer zugunsten des Sicherheitsgefühls Ihrer Partnerin getroffen werden sollte.

Informieren Sie sich. Gehen Sie zu Kreißsaalführungen sowie zu Informationsveranstaltungen in Geburtshäusern. Sprechen Sie auch mit Hausgeburtshebammen. Wenn Sie bereits früh in der Schwangerschaft damit beginnen, haben Sie ausreichend Zeit, die passende Entscheidung zu treffen. In der Tabelle auf den Seite 40 und 41 finden Sie eine Übersicht der Vor- und Nachteile der jeweiligen Geburtsorte.

Checkliste

Fragen für die Kreißsaalführung

- Achten Sie darauf, wie der Kreißsaal ausgestattet ist (freundliche Umgebung, breites Bett, Badewanne, Gebärhocker).
- Fragen Sie nach der prozentualen Häufigkeit von Dammschnitten, Kaiserschnitten, Geburten in Rückenlage sowie tatsächlich stattfindenden Wassergeburten.
- Kann Ihre Partnerin sich zur Geburt bewegen, stehen, sitzen?
- Fragen Sie nach der durchschnittlichen Zahl gebärender Frauen pro Hebamme in einer Schicht, um einschätzen zu können, wie viele Gebärende eine Hebamme zeitgleich zu betreuen hat.
- Wie werden die Herztöne und Wehen überwacht? Ständig, nur bei Bedarf, verdrahtet oder kabellos? Verkabelung schränkt die Bewegungsfreiheit ein.
- Welche Beteiligungsmöglichkeiten räumen Ihnen die Hebammen und Ärztinnen als Geburtsbegleiter ein?
- Wie wird das Kind empfangen? Wird es Ihrer Partnerin direkt auf den Bauch gelegt? Wird es erst gewaschen und angezogen?
- Wird gewartet, bis die Nabelschnur auspulsiert ist (sanfter fürs Kind) oder wird sofort abgenabelt?
- Können Sie im Notfall bei einem Kaiserschnitt (siehe Seite 95) dabei sein und sich direkt um Ihr Kind kümmern, wenn Ihre Partnerin noch in Narkose ist?
- Wie viel Zeit wird nach der Geburt für die Lösung der Plazenta gelassen? Wann werden hierzu Medikamente gespritzt?
- Ist die Klinik als stillfreundlich/babyfreundlich zertifiziert?
- Gibt es die Möglichkeit, ein Familienzimmer zu bekommen, um bei stationärem Aufenthalt bei Ihrer Partnerin und Ihrem Kind bleiben zu können?
- Wie intensiv wird zum Stillen angeleitet? Gibt es hierzu ein einheitliches Konzept? (Interessant zum Thema Stillen ist das Interview mit Prof. Dr. Abou-Dakn ab Seite 80)

KLINIKGEBURT

In größeren Städten gibt es meist mehrere Geburtskliniken, unter denen Sie wählen können. In ländlichen Regionen werden dagegen immer mehr kleinere geburtshilfliche Abteilungen in Krankenhäusern geschlossen, sodass oft weite Wege in Kauf genommen werden müssen, wenn es schließlich »so weit« ist.

Nehmen Sie an mehreren Kreißsaalführungen teil und stellen Sie Fragen. Ein paar Anregungen, worauf Sie achten sollten, haben wir auf Seite 34 zusammengestellt.

In vielen Kliniken nehmen die dortigen Hebammen bereits vor der Geburt die persönlichen Daten und den bisherigen Schwangerschaftsverlauf auf. Fragen Sie bei der Kreißsaalführung, was möglich und sinnvoll ist, um die Geburt in der Klinik gut vorzubereiten.

Wie Sie Ihre Partnerin bei der Geburt gut unterstützen und wofür Sie dabei besonders wichtig sind, erfahren Sie in Kapitel 3, insbesondere auf den Seiten 77 und 78.

HAUSGEBURT – GEBURTSHAUS

Ein Geburtshaus oder eine Hausgeburt bieten in der Regel eine vertrautere, intimere Atmosphäre, als dies bei einer Klinikgeburt möglich ist. Leider geht die Zahl der außerklinisch geburtshilflich tätigen Hebammen aber aus den oben beschriebenen Gründen (siehe Seite 32) kontinuierlich zurück.

Voraussetzung für eine außerklinische Geburt ist, dass die Schwangerschaft ohne Komplikationen verläuft. Darüber hinaus gibt es bestimmte Ausschlusskriterien (wie beispielsweise eine Beckenendlage oder Mehrlingsschwangerschaften), die jede Hebamme ausführlich mit Ihnen besprechen sollte. Treten im Verlauf der Geburt Komplikationen auf – das bemerkt eine erfahrene Hausgeburtshebamme meist früh –, verlegt sie die Geburt nach ihrer Einschätzung in ein Krankenhaus. In Geburtshäusern, die mit Ärztinnen zusammenarbeiten, werden diese bei Komplikationen hinzugerufen. Ob die Hebamme im Fall einer Verlegung in die Klinik bei Ihnen bleiben kann, hängt davon ab, ob sie mit dieser einen Belegvertrag hat.

Eine Hausgeburt müssen Sie gut vorbereiten. Klären Sie mit der Hebamme, welche Utensilien nötig sind, und besorgen Sie diese frühzeitig. Außerdem sollten Sie mit ihr besprechen, in welchen Fällen sie eine Verlegung ins Krankenhaus anordnen wird. Dafür sollte auch bei einer geplanten Hausgeburt immer der Klinikkoffer (siehe Seite 71) fertig gepackt sein.

Bei einer Geburt zu Hause oder im Geburtshaus ist ein deutlich stärkeres Engagement Ihrerseits gefragt als in einer Klinik. Ihre Partnerin braucht Ihre volle Unterstützung. Falls Sie Zweifel haben, ob Sie diesen Anspruch erfüllen können oder wollen, überlegen Sie gemeinsam: Welche vertraute Person können wir bitten, uns zusätzlich bei der Geburt zu unterstützen? Wenn Sie sich Ihrer Sache nicht sicher sind, ist es für Sie beide gut, den Geburtsort nochmals zu überdenken.

»Wie du dich auch entscheidest,
entscheide mit deinem ganzen Herzen.«

KONFUZIUS | CHINESISCHER PHILOSOPH (551–479 V. CHR.)

(BEGLEIT-)BELEGHEBAMMEN

Beleghebammen haben als freiberuflich arbeitende Hebammen sogenannte Belegverträge mit Kliniken. Einige sind ins Schichtsystem der Klinik eingebunden, dann unterscheidet sich die Betreuung in nichts von einer normalen Klinikgeburt. Andere stehen in Rufbereitschaft für die werdenden Eltern. Eine solche »Begleit-Beleghebamme« kann eine gute Alternative für Sie sein, wenn Sie eine individuelle Rundumbetreuung durch eine Hebamme Ihrer Wahl haben möchten und auf die medizinische Sicherheit einer Klinik Wert legen. Sie schließen mit der Beleghebamme in der Regel einen Rufbereitschaftsvertrag ab.

Damit ist die Hebamme normalerweise 14 Tage vor und nach dem errechneten Geburtstermin rund um die Uhr für Sie erreichbar – bei absehbaren Frühgeburten auch früher. Wenn die Wehen beginnen, können Sie sie rufen. Sie begleitet Ihre Partnerin und Sie dann zur Geburt in die Klinik und betreut den gesamten Geburtsprozess. So können Sie, sollte die Geburt länger dauern, einen Wechsel in der Hebammenbetreuung durch Schichtwechsel der Klinikhebammen vermeiden und sicher sein, dass es für Ihre Partnerin, Ihr Kind und Sie bei der Eins-zu-eins-Betreuung bleibt.

Für eine außerklinische Geburt suchen Sie sich möglichst eine Hebamme, die einen Belegvertrag mit einer Klinik hat – so stehen Ihnen alle Möglichkeiten offen. Hilfreich ist es, wenn Ihre Hebamme auch einen Teil der Vorsorgeuntersuchungen in der Schwangerschaft übernimmt, so lernen Sie sich bereits vor der Geburt besser kennen.

Grundsätzlich gilt es als erwiesen, dass Schwangerschaft und Geburt besser verlaufen, wenn Frauen bereits in der Schwangerschaft von Hebammen betreut werden. Wir raten Ihnen zu einer kombinierten Vorsorge durch Hebamme und Frauenärztin, um eine optimale medizinische Begleitung zu gewährleisten. Stimmen Sie mit beiden ab, welche Vorsorgeuntersuchungen sinnvoll und welche verzichtbar sind.

Beleghebammen finden Sie ebenso wie außerklinisch arbeitende Hebammen über die Landes- und Bundesverbände der Hebammen (www.hebammenverband.de; www.bfhd.de). Beginnen Sie mit Ihrer Suche, sobald Sie wissen, dass Sie Eltern werden! Fragen Sie außerdem bei Ihrer Krankenversicherung nach, ob sie das Bereitschaftshonorar der Hebamme übernimmt.

SICHERHEIT UND GEBORGENHEIT – MENSCH UND TECHNIK

Hebammen und Ärzte berichten, dass werdende Väter oft größeres Augenmerk auf Technik und deren Anwendung legen als die werdenden Mütter. Väter fragen oft danach, was ein bestimmtes Gerät leistet und was die jeweilige Anzeige bedeutet.

TIPP

Der menschliche Faktor

- Lernen Sie Hebammen und Geburtshelfer möglichst schon vorher kennen und schätzen Sie diese auch als Menschen ein. Ihre medizinischen Helfer sollten Ihr Vertrauen wecken und Sie sollten sich bei ihnen gut aufgehoben fühlen.
- Wenn Sie sich mit Ihrer Partnerin nicht einig sind, sprechen Sie noch einmal über die Wahl des Geburtsorts. Ziehen Sie dabei in Betracht, dass es einen negativen Einfluss auf den Geburtsverlauf haben kann, wenn die Gebärende sich nicht wohl oder unsicher fühlt.

Mütter vertrauen sich dagegen häufiger ihrer eigenen Intuition und der Fachkenntnis des Geburtshilfeteams an. Nicht selten geschieht auch dies: Die Frau möchte eine Geburt möglichst ohne Einsatz von technischen Geräten, zum Beispiel zu Hause oder in einem Geburtshaus – der Mann ist dagegen.

Das väterliche Verantwortungs- und Fürsorgebewusstsein äußert sich also zuweilen als Bedürfnis nach technischer Kontrolle. Manche Männer gewinnen durch technische Hilfsgeräte mehr Sicherheit in einer für sie unsicheren Situation. Die Schlussfolgerung: Finden Sie einen gemeinsamen Weg zwischen menschlicher Geborgenheit und medizinischer Sicherheit, der für Sie als Paar, jedoch in erster Linie für Ihre Partnerin passt.

Info: Den Geburtsort in Ruhe auswählen

Damit Sie Ihren Standpunkt zur Wahl des Geburtsorts finden, haben wir hier als Unterstützung die jeweils wichtigsten Vor- und Nachteile für Sie zusammengestellt. Die vergebenen Punkte sind ausdrücklich als Information zu verstehen, die Bewertung der einzelnen Vor- und Nachteile liegt bei Ihnen. So kann etwa die schnelle medizinische Hilfe ausschlaggebend für Sie sein, in eine Klinik zu gehen. Die Aussicht, bei einer Hausgeburt den Luxus zweier Hebammen zu haben, kann der entscheidende Punkt sein, sich bei einer erwartbar unkomplizierten Geburt für die eigenen vier Wände zu entscheiden. Besprechen Sie Ihre Entscheidung mit Hebamme und Frauenärztin.

Diese Übersicht dient dazu, Ihnen die Vorzüge und Nachteile der unterschiedlichen Geburtsorte bewusst zu machen und Sie bei Ihrer Entscheidung zu unterstützen. Bewerten Sie jedoch selbst, wie wichtig Ihnen die einzelnen Vor- und Nachteile sind!

● = trifft zu ◐ = kann zutreffen ○ = trifft nicht zu

		klinisch		außerklinisch	
Vorteile		stationär	ambulant	Hausgeburt	Geburtshaus
Medizinische Aspekte	Schnelle medizinische Hilfe	●	●	○	◐
	Breites Spektrum schmerzlindernder Medikamente	●	●	○	○
	Angeschlossene Kinderklinik	◐	◐	○	○
	Hebammen haben viel Zeit zur Betreuung (natürlicher Geburtsverlauf, weniger Komplikationen und Eingriffe)	◐	◐	●	●
	Die Geburt und der Umgang mit Neugeborenen können vorab besprochen werden	◐	◐	●	●
Bei der Geburt	Hebamme und Paar kennen sich bereits vor der Geburt: gut informiert, Vertrauen	◐	◐	●	●
	Keine Fahrten zwischen Zuhause und Geburtsort	○	○	●	○
	Vertraute Umgebung	◐	◐	●	◐
	Eigene Räume bleiben von der Geburt unberührt	●	●	○	●
	Krankenversicherung zahlt zwei Hebammen, die eine Gebärende/ein Paar betreuen	○	○	●	●

		klinisch		außerklinisch	
orteile		statio-när	ambu-lant	Haus-geburt	Geburts-haus
ach er eburt	Vater, Mutter und Kind sind von Anfang an zusammen (»Bonding«, siehe Seite 100)	◐	●	●	●
	Geschwisterkinder können sehr früh Kontakt zum Baby knüpfen	◐	●	●	●
	Direkt nach der Geburt viel Ruhe (fördert u. a. den Milchfluss, Babys nehmen meist eher Gewicht zu)	◐	●	●	●
	Jederzeit Hilfe im Umgang mit dem Baby	●	◐	◐	◐
	Jederzeit Unterstützung beim Stillen (Erreichbarkeit der Hebamme sehr gut)	◐	◐	◐	◐
	Schnell Kontakte zu anderen Eltern	●	○	○	○
	Baby kann evtl. auch mal abgegeben werden	●	○	○	○
lachteile		statio-när	ambu-lant	Haus-geburt	Geburts-haus
ledizi-ische ıspekte	Geringe medizinische Ausrüstung	○	○	●	●
	Baby-Vorsorgeuntersuchung (U2/Neugeborenenscreening) selbst organisieren	○	●	●	●
	Erhöhtes Infektionsrisiko für Mutter und Kind durch erhöhtes Keimaufkommen	●	◐	○	○
ɜei der ɜeburt	Keine freie Wahl der Hebamme (Ausnahme: Begleit-Beleghebamme, siehe Seite 37)	●	●	○	◐
	Bei langer Geburt mehrere Schichtwechsel der Hebammen möglich (Ausnahme: Begleit-Beleghebamme, s. o.)	●	●	○	◐
	Bei langer Geburt Erschöpfung der Hebamme mangels Schichtwechsel möglich	○	○	●	◐
	Mehrere Gebärende pro Hebamme möglich	◐	◐	○	◐
	Bei Geburtskomplikationen muss Gebärende Ortswechsel ins Krankenhaus in Kauf nehmen (Zeitverlust, zusätzlicher Stress)	○	○	●	●
	Medizinisch ausgerichtete Umgebung kann eher das Gefühl wecken, krank zu sein, statt sich einem natürlichen Prozess hinzugeben	●	●	○	○
	Klinikroutine ist störend, unflexibel und einschränkend	◐	◐	○	○
Nach der Geburt	Eingeschränkter Kontakt des Vaters zu Mutter und Kind	●	○	○	○
	Mehrbettzimmer; Unruhe und schreiende Babys belasten stark	●	○	○	○
	Gefahr, dass Mutter sich im frühen Wochenbett zu viele Aufgaben zumutet	◐	●	●	●
	Bei Komplikationen im Wochenbett (Rück-)Verlegung ins Krankenhaus und damit erneuter Ortswechsel	○	●	●	●
	Kontrolle über eigene Ernährung und Umgang mit Kind eingeschränkt	●	○	○	○

»ECHTE MÄNNER« SIND GUT VORBEREITET!

Wenn Sie Ihre Partnerin zur Geburt Ihres gemeinsamen Kinds begleiten, erleben Sie auch selbst eine Art Geburt: Ihren Übergang vom Mann zum Vater.

Dieses gemeinsame Erlebnis ist eine einmalige Erfahrung, die Sie sehr eng mit Ihrer Partnerin und Ihrem Kind verbinden kann. Auch wenn Sie noch unsicher sind, ob Sie die Geburt (ganz) miterleben möchten oder lieber nicht dabei sein wollen: Informieren Sie sich auf jeden Fall so gut wie möglich darüber und, noch wichtiger: Bereiten Sie sich auf die erste Zeit mit Kind und auf Ihr Vatersein gut vor.

Geburtsvorbereitungskurse

Geburtsvorbereitungskurse werden manchmal scherzhaft »Hechelkurse« genannt. Diesen Namen verdanken sie vor allem dem französischen Geburtshelfer Ferdinand Lamaze und seinem Kurskonzept, zu dem das Einüben einer anspruchsvollen Atemtechnik gehörte.

Feste Zuordnungen zu bestimmten »Schulen« sind aber schon lange nicht mehr üblich. Die meisten Kurse bestehen heute aus einer Zusammenstellung sinnvoller Elemente verschiedener Richtungen.

In den Kursen geht es hauptsächlich darum, wie Ihre Partnerin Ihr Kind gut und ohne Schaden für Mutter und Kind auf die Welt bringen kann. So ist es zumindest im Auftrag der gesetzlichen Krankenversicherungen formuliert. Die Versicherungen übernehmen die Kursgebühr für die Frau, derzeit für 14 Stunden, und oft auch die für den Mann. Das gilt vor allem, wenn Sie in derselben Krankenversicherung sind. Fragen Sie deshalb bei Ihrer Krankenversicherung nach, ob sie als moderne, familienfreundliche und zukunftsorientierte Versicherung auch die Gebühren für Ihre Teilnahme am Geburtsvorbereitungskurs übernimmt. Schließlich tragen Sie als gut vorbereiteter Begleiter einiges zum Gelingen der Geburt bei!

Viele Kurse sprechen mittlerweile auch den Partner als wichtigen Geburtsbegleiter an. Besuchen Sie deshalb am besten mit Ihrer Partnerin einen Geburtsvorbereitungskurs für Paare, um sich optimal vorzubereiten. Alternativ gibt es auch Frauenkurse mit einzelnen Partnerstunden.

DAS BIETET EIN GUTER KURS

- Informationen über den Verlauf der Schwangerschaft und die Entwicklung des Kindes
- Informationen über den Verlauf der Geburt
- Vorstellung von Gebärpositionen und Möglichkeiten der Schmerzverarbeitung und Entspannung, die gemeinsam geübt werden können
- Möglichkeiten natürlicher und medikamentöser Schmerzlinderung
- Anregungen für die Geburtsbegleitung
- Tipps für Wochenbett, Stillen und die erste Zeit mit Kind
- Ein gutes Forum, um Kontakte zu anderen werdenden Eltern zu knüpfen
- Im Idealfall: Raum für Väterthemen, für Veränderungen in der Partnerschaft (siehe ab Seite 166), Anregung zur partnerschaftlichen Verteilung von Elternzeit und Elterngeld

Die Auswahl eines geeigneten Kurses ist gar nicht so einfach, da die Angebote sich zum Teil erheblich voneinander unterscheiden und es für die Kurse keine einheitlichen Standards gibt. Es kann sinnvoll sein, den Kurs an dem Ort zu besuchen, an dem Ihre Partnerin auch Ihr Kind bekommen möchte. Oder Sie melden sich bei der Hebamme zum Kurs an, die Ihrem Kind auf die Welt helfen soll, vorausgesetzt, der Kurs entspricht Ihrer beider Erwartungen. Wenn Ihre geburtsbegleitende Hebamme selbst keine Kurse anbietet, fragen Sie sie nach einer Empfehlung. Mit unserer Checkliste auf Seite 48 sind Sie gut gerüstet, um Ihr Anliegen klar zu formulieren.

WORAN SIE EINEN GUTEN KURS ERKENNEN

Die meisten Kursangebote kommen von Hebammen. Sie sind zurzeit die Einzigen, die die Kursgebühren für die Frauen direkt mit den gesetzlichen Krankenversicherungen abrechnen können. Ausschlaggebend dafür ist die Anerkennung als Hebamme, nicht der Nachweis einer pädagogischen Befähigung. Deshalb sollten Sie außer nach der Kursgebühr und der Abrechnung auch nach dem Kurskonzept fragen.

Auf diese Weise können Sie klären, ob neben den wichtigen Punkten, was bei einer Geburt physisch vor sich geht, auch eher familienpädagogische Themen wie die Veränderungen im Übergang zur Elternschaft, die partnerschaftliche Aufgaben- und Zeitverteilung nach der Geburt (siehe ab Seite 179), die Pflege der Paarbeziehung (siehe ab Seite 166) und auch Sie als aktiver Vater auf dem Kursplan stehen. Informieren Sie sich rechtzeitig über Kurse! Melden Sie sich frühzeitig zu einem Geburtsvorbereitungskurs an, sodass das Kursende rund vier Wochen vor dem errechneten Geburtstermin liegt.

IHR PLATZ IN DER GEBURTSVORBEREITUNG

Egal, ob Sie über die gesamte Dauer des Kurses teilnehmen oder nur an einem Partnerabend anwesend sind: Sie erhalten dabei viele Informationen und Hilfestellungen, um Ihre Partnerin bestmöglich zu unterstützen und auch mit den eigenen Fragen oder Sorgen gut klarzukommen.

WISSEN, WAS PASSIERT

Viele Frauen (und auch ihre Partner) haben Angst vor der Geburt und den damit verbundenen Schmerzen. Angst während der Geburt kann zu Muskelverspannungen führen und damit die Schmerzen noch weiter verstärken. Deshalb ist ein wichtiges Ziel der Kurse, über die körperlichen Vorgänge bei der Geburt zu informieren, um auf diese Weise Ängste abzubauen. Außerdem werden Entspannungsübungen vorgestellt und geübt. Diese Übungen können nicht nur Ihrer Partnerin, sondern auch Ihnen helfen, bei der Geburt ruhiger zu bleiben.

ÜBUNG MACHT DEN GUTEN BEGLEITER

Oft sind Männer an den medizinischen und technischen Aspekten von Schwangerschaft und Geburt besonders interessiert. Sie wollen genau wissen, wie eine Geburt vor sich geht, und sichergehen, dass in einer Notsituation alles für ihre Partnerin und ihr Kind getan wird. Das ist ganz natürlich, schließlich wollen sie ihre Partnerin und ihr Kind gut versorgt wissen. Entspannungs-, Atem- und Gymnastikübungen in Geburtsvorbereitungskursen nehmen Männer dagegen häufig nur als notwendiges Übel in Kauf. Aber: Erfahrungsgemäß lohnt es sich, diese Übungen mitzumachen! Je vertrauter auch Sie mit den Übungen sind, desto besser können Sie Ihre Partnerin bei der Geburt unterstützen, indem Sie ihr zum Beispiel helfen, den für sie passenden Atemrhythmus zu finden und zu halten. Haben Sie gemeinsam mit Ihrer Partnerin einige Gebärpositionen durchgespielt, fällt es Ihnen leichter, ihr während der Geburt bei einem Positionswechsel zu helfen oder ihr Veränderungen vorzuschlagen. Auch so schützen Sie Ihre Partnerin und Ihr Kind.

ANDERE WERDENDE VÄTER TREFFEN

Wo treffen sich werdende Väter? Falls Sie nicht zufällig andere werdende Väter in Ihrem Freundes-, Bekannten- oder Kollegenkreis haben, ist der Geburtsvorbereitungskurs oft die einzige Chance, Männern in der gleichen Situation zu begegnen. Nutzen Sie die Gelegenheit. Besonders in den ersten Jahren mit Kind(ern) sind solche Freundschaften sehr wichtig, um sich auszutauschen und im »erweiterten Familienkreis« gemeinsam etwas zu unternehmen.

»Anteilnehmende Freundschaft macht das Glück strahlender und erleichtert das Unglück.«

MARCUS TULLIUS CICERO | RÖMISCHER POLITIKER (106–43 V. CHR.)

»MÄNNERRUNDEN«

Fragen Sie die Kursleiterin bereits vor der Anmeldung, wie sie die werdenden Väter in die Kursarbeit miteinbezieht. Sie können auch selbst Themen vorschlagen:

- Welche Wünsche und Befürchtungen habe ich für die Geburt?
- Will ich bei der Geburt dabei sein? Was will ich sehen? Was nicht? In welcher Klinik/welchem Geburtshaus/von welcher Hebamme haben andere werdende Väter sich gut eingebunden und betreut gefühlt?
- Wie können wir die Geburt unseres Kindes als Familie feiern?
- Was ist mir wichtig für die erste Zeit mit dem Baby zu Hause?
- Wie kann ich in der Zeit des Wochenbetts für Entlastung und Unterstützung sorgen? Wie wird ein Kind unsere Paarbeziehung verändern?
- Wie hat sich die Sexualität mit meiner Partnerin seit Beginn der Schwangerschaft verändert? Wie gehe ich damit um? Wie kann sich unser Liebesleben nach der Geburt entwickeln?
- Welche Themen sind mir für die Begleitung der Entwicklung meines Kindes wichtig?
- Was möchte ich als Vater meinem Kind für sein Leben mitgeben? Was verändert sich für mich?
- Was verändert sich für meine Partnerin und für mich (beruflich, soziales Umfeld, abendliches Ausgehen)?
- Wie verändert mein Vaterwerden eventuell mein Verhältnis zu meinen eigenen Eltern?

Regen Sie an, dass Sie sich als werdende Väter auch in privater Runde treffen. Die anderen Männer aus Ihrem Kurs werden Ihre Initiative sicher dankbar aufnehmen. Gehen Sie mit Ihren Kursvätern mal einen Abend (ohne Frauen) ganz klassisch in die Kneipe. In einigen Familienbildungsstätten gibt es mittlerweile auch eigene Angebote für Väter und Kinder oder die Gelegenheit, einen Vater-Kind-Treff einzurichten. In größeren Städten wie Berlin, Hamburg oder Köln gibt es Initiativen und Einrichtungen für Väter, die Angebote für (werdende) Väter mit und ohne Kinder und auch für Familien machen (Adressen siehe Seite 237).

CHECKLISTE

Hilfen für die Auswahl eines Kurses

- Über welche Qualifikation verfügt die Kursleiterin?
- Bereitet der Kurs auch auf die erste Zeit mit Kind vor?
- Gibt er Infos zu Entlastungsmöglichkeiten für die erste Zeit mit Kind?
- Wie werden die angehenden Väter ins Kursgeschehen einbezogen?
- Gibt es spezielle Einheiten für die Väter?
- Gibt es (leider selten angeboten) einen qualifizierten männlichen Co-Leiter, der speziell auf Fragen der werdenden Väter eingeht?
- Geht der Kurs über die üblichen 14 Stunden hinaus? Kann (eventuell gegen Zuzahlung) auch ein zeitlich und thematisch erweiterter Kurs belegt werden?
- Sind mögliche Veränderungen in der Paarbeziehung (emotional, sexuell) durch Schwangerschaft, Geburt und erste Zeit mit Kind ein Thema?
- Thematisiert der Kurs die Planung von Zeit- und Aufgabenverteilung nach der Geburt?
- Wird der Umgang mit untröstlich weinenden Babys thematisiert?
- Wie kann ich als nicht stillfähiger Elternteil mein Kind beruhigen, trösten und versorgen?
- Hilft Ihnen der Kurs, Geschwisterkinder auf das Baby vorzubereiten und so Eifersucht zu vermeiden?

DER »NESTBAU«

Für viele Paare, die Eltern werden, ist die Schwangerschaft auch die Zeit des »Nestbaus«. Sie richten sich also auch räumlich auf das neue Leben als Familie ein. Wie Sie das stressarm und kostengünstig hinbekommen, erfahren Sie auf diesen Seiten.

Für viele Paare ist die erste Schwangerschaft einer der entscheidenden Gründe, zusammenzuziehen. Falls auch Sie gerade auf der Suche nach einem neuen Domizil sind, denken Sie daran: Weniger ist manchmal mehr! Das heißt: Eine große Miet- oder Eigentumswohnung, die Sie gleich perfekt einrichten wollen, oder gar ein Hausbau kosten eine Menge Nerven und Geld. Geld, für das Sie viel arbeiten müssen, wodurch Sie wahrscheinlich weniger Zeit für Ihre Familie haben werden. Aus der Beratung von Paaren zum Thema Elterngeld wissen wir, dass viele Väter weniger Elterngeldmonate nehmen, als sie eigentlich wollen, weil sie ein höheres Einkommen haben als ihre Partnerin und die Finanzierung des neuen Eigenheims ihnen kaum finanziellen Spielraum lässt.

Überlegen Sie mit Ihrer Partnerin, welche gemeinsamen Ansprüche Sie haben. Brauchen Sie wirklich die perfekte Einrichtung und den Zweitwagen oder möchten Sie sich vorrangig den Luxus gemeinsamer Zeit fürs Kind oder geteilter Elternzeit leisten (siehe ab Seite 223)?

Ein Baby stellt keine hohen Ansprüche an Größe oder Gestaltung der Wohnung. Ihm ist es am wichtigsten, seine Eltern möglichst entspannt um sich zu haben, das heißt seine lebenswichtigen Bedürfnisse nach Nahrung und Zuwendung gestillt zu bekommen. Hier sollte die Priorität liegen.

Wer schläft wo?

Für viele ist die Einrichtung eines Kinderzimmers fester Bestandteil des Nestbaus. Weniger kann aber auch hier mehr sein. In der ersten Zeit braucht Ihr Kind kein eigenes Zimmer. Am liebsten ist es da, wo seine Eltern sind. Dazu gibt es spezielle Babybetten, die sich am Elternbett befestigen lassen und eine barrierefreie Erweiterung der elterlichen Matratze darstellen. Mit ein wenig handwerklichem Geschick lässt sich aber auch so manch vorhandenes Babybett entsprechend umbauen. Wenn Ihr Kind seinen eigenen Schlafplatz auf einer festen, luftdurchlässigen Matratze hat, die auf einer Ebene mit Ihrer Matratze liegt, hat das außerdem den Vorteil, dass Sie Ihr Baby schnell erreichen können, um es zu beruhigen, seinen Atem zu hören, seinen Babyduft zu schnuppern und sich an der Nähe zu ihm zu freuen. Wenn Ihre Partnerin auf der »Baby-Seite« schläft, muss sie zum Stillen noch nicht einmal aufstehen. Mehr zum Thema babygerechter Schlafplatz lesen Sie auf Seite 144.

»Ein Kind betritt deine Wohnung und macht in den folgenden zwanzig Jahren so viel Lärm, dass du es kaum aushalten kannst. Dann geht das Kind weg und lässt das Haus stumm zurück, dass du denkst, du wirst verrückt.«

JOHN ANDREW HOLMES | AMERIKANISCHER SCHRIFTSTELLER

Die Grundausstattung für Ihr Baby

Die Zeiten, in denen Männer in Babykleidungsgeschäften betrachtet wurden wie Wesen von einem anderen Stern, sind lange vorbei. Auch die Werbung hat die jungen, engagierten Väter längst als zahlungskräftige Zielgruppe erkannt. Machen Sie sich gemeinsam Gedanken über die (Erst-)Ausstattung.

Kaufen Sie auch secondhand. Kleidung aus zweiter Hand ist erheblich günstiger und durch das häufige Waschen bereits frei von chemischen Stoffen, die Allergien auslösen können. Oder: Leihen Sie sich Kinderkleidung von Freunden und Verwandten, die bereits Kinder haben. Babys wachsen so schnell, dass sie alle paar Wochen die nächste Größe brauchen.

Sparen Sie aber nicht am falschen Ende. Bei Dingen, die der Sicherheit Ihres Kindes dienen, sollten Sie nicht nur auf Funktionalität und Preis, sondern auch auf Schadstofffreiheit achten, etwa bei Babyfon oder Wickeltischauflage. Hilfe finden Sie unter anderem in den regelmäßig aktualisierten Baby- und Kleinkindheften von »Öko-Test«. Achten Sie beim Kauf auf entsprechende Hinweise und bitten Sie auch die Menschen darum, die Ihrem Baby etwas schenken wollen.

AUF VIER GROSSEN RÄDERN

Für Autofahrten braucht Ihr Kind eine geeignete Babyschale. Informieren Sie sich vor dem Kauf über Testergebnisse. Sicherheit sollte an erster Stelle stehen. Benutzen Sie die Autositzschale bitte nur für Autofahrten. Wenn Ihr Baby zu lange in der halb sitzenden Haltung verweilt, die eine solche Schale seinem Rücken aufzwingt, schadet das der Wirbelsäule. Achten Sie unbedingt auf die Einbauhinweise des Babyschalen- und Autoherstellers, insbesondere im Zusammenhang mit Airbags.

AUF VIER KLEINEN RÄDERN

Der Kinderwagen ist für viele zunächst das wichtigste Transportmittel. Er sollte gut gefedert sein, um den Rücken Ihres Kindes zu schonen – solange Babys noch nicht ungestützt sitzen können, sollten sie flach liegen können. Buggys und Jogger sind daher für Säuglinge nicht geeignet. Sehr wichtig: Achten Sie außerdem im Interesse Ihres eigenen Rückens darauf, dass der Wagen einen entsprechend hoch einstellbaren Griff hat! Auch die ausreichende Fußfreiheit beim Schieben ist sehr wichtig, damit Sie nicht neben dem Wagen laufen müssen. Achten Sie auf einen breiten Radstand (höhere Stabilität, kippsicher), beidseitige Bremsen und darauf, dass sich der Wagen zusammengeklappt im Auto transportieren lässt. Muss er oft getragen werden, sollte er nicht zu schwer sein. Für die Nutzung öffentlicher Verkehrsmittel ist ein schmaler Wagen günstig.

GANZ OHNE RÄDER UNTERWEGS

In vielen Situationen sind Tragehilfen und Tragetücher eine praktische Ergänzung zum Kinderwagen. Viele Kinder und Eltern lieben den engen Körperkontakt. Lassen Sie sich die Anwendung unbedingt im Fachgeschäft oder von Ihrer Hebamme zeigen, und zwar mit Kind und so lange, bis Sie sich im Umgang damit sicher fühlen. Ein richtig gewickeltes Tragetuch kann die gesunde Entwicklung Ihres Kindes fördern, »schief« gewickelt kann es aber auch der Wirbelsäule schaden. Ein gutes Tragetuch ist aus so stabilem Baumwollmaterial, dass Sie es auch für weitere Kinder noch verwenden können. Es lässt sich außerdem später als Hängematte oder Schaukel einsetzen. Übrigens: Kinderwagen und Tragehilfen müssen ebenfalls nicht neu sein, Sie bekommen auch gute gebrauchte Exemplare.

VATER WERDEN – VATER SEIN

Zum Vaterwerden und Vatersein gehört gute Vorbereitung, etwa auf die Geburt und den Nestbau. Bei allem Organisieren, damit der äußere Rahmen stimmt: Denken Sie auch an Ihre innerliche, ja sagen wir ruhig: Ihre seelische Vorbereitung auf Ihre neue Rolle als Vater!

Gespräche mit dem eigenen Vater

Bei den Vorbereitungen auf Ihr Vatersein ist Ihnen vielleicht schon öfter der Gedanke an Ihren eigenen Vater gekommen. Nun setzen Sie die Generationenfolge fort, Sie sind nicht länger nur Kind, sondern bald selbst Vater. Und Ihr Vater wird Großvater! Grund genug, mit ihm ins Gespräch zu kommen. Auch wenn Ihr Vater vielleicht nicht immer der war, den Sie sich als Kind gewünscht haben: Nutzen Sie seine Erfahrungen, aber finden Sie Ihren ganz eigenen Stil als Vater! Nutzen Sie das, was Sie in Ihrer Kindheit an Gutem erfahren haben, und lassen Sie Ihre eigene Persönlichkeit mit einfließen. Bleiben Sie entspannt, statt unbedingt die Fehler der eigenen Eltern vermeiden zu wollen.

Wenn es Ihnen schwerfällt, den Kontakt zu intensivieren oder wieder aufzunehmen, denken Sie an Ihr Kind: Kinder lieben Großväter. Und selbst die griesgrämigsten alten Leute tauen meist beim Anblick eines Babys oder Kleinkinds auf. Animieren Sie Ihren Vater, Geschichten über seine Zeit als werdender und junger Vater zu erzählen. Fragen Sie ihn, wie es für ihn war, Vater zu werden und junger Vater zu sein: Schon haben Sie eine

Fülle neuer Gesprächsthemen – natürlich auch mit Ihrer Mutter und den Eltern Ihrer Partnerin.

Wenn Ihre Eltern als Gesprächspartner oder als aktive Großeltern nicht infrage kommen oder bereits gestorben sind, überlegen Sie, wer stattdessen diese Rolle übernehmen könnte.

»Als ich 14 Jahre alt war, war mein Vater für mich so dumm, dass ich ihn kaum ertragen konnte. Aber als ich 21 wurde, war ich doch erstaunt, wie viel der alte Mann in sieben Jahren dazugelernt hatte.«

MARK TWAIN | AMERIKANISCHER ERZÄHLER UND SATIRIKER (1835–1910)

Wie will ich Vater sein?

Vaterwerden und Vatersein sind eigentlich ganz natürliche Angelegenheiten. Aber in unserer modernen Gesellschaft gibt es kaum noch festgeschriebene Rollen, auf die wir zurückgreifen können. Das alte Bild des Vaters als Familienernährer, der von Haushalt und Kindern keine Ahnung hat, ist kein Leitbild mehr. Heute können und wollen Männer ihr Vatersein selbst ausfüllen. Aber das ist oft gar nicht so leicht. Es gibt noch nicht viele Vorbilder für neue, den Kindern stärker zugewandte Vaterrollen. Das ist jedoch nicht so schlimm, denn es macht auch Spaß, sich auszuprobieren und neue Wege zu gehen. Nehmen Sie sich Zeit und machen Sie sich ein Bild davon, wie Sie selbst Vater sein wollen. Anregungen dazu finden Sie auf Seite 56.

VEREINBARKEIT VON FAMILIE UND BERUF

Berufliche und familiäre Anforderungen und Wünsche unter einen Hut zu bekommen ist schon lange kein reines Frauenthema mehr. Zwei berufstätige Elternteile, die beide zusammen Familie und Beruf gut vereinbaren können, sind mittlerweile zum Leitbild vieler Eltern geworden. Die Politik versucht, dem Rechnung zu tragen. Gerade im ersten Lebensjahr der Kinder gibt es in Deutschland durch Elterngeld, ElterngeldPlus und Partnerschaftsbonusmonate vielfältige Möglichkeiten, Elternzeit in Anspruch zu nehmen – auch für Väter, die den Löwenanteil zum Familieneinkommen beitragen. Insgesamt können beide Elternteile zusammen pro Kind 14 Monate Basis-Elterngeld beziehen und pro Elternteil drei Jahre Elternzeit in Anspruch nehmen. Details hierzu finden Sie ab Seite 226.

Auch wenn die Elternzeit erst nach der Geburt ansteht: Jetzt ist der richtige Zeitpunkt, um sich gemeinsam mit Ihrer Partnerin Gedanken darüber zu machen, welche Möglichkeiten Sie sehen oder sich schaffen können. Versuchen Sie sich Elterngeld und Elternzeit bestmöglich aufzuteilen, damit Ihr Kind und Sie viele Erfahrungen miteinander machen können. Von einer intensiven Vater-Kind-Beziehung in den ersten Lebensjahren profitieren Menschen ein Leben lang (siehe Seite 12).

»Mit einer Kindheit voll Liebe kann man ein halbes Leben hindurch für die kalte Welt haushalten.«

JEAN PAUL | DEUTSCHER DICHTER (1763–1825)

TIPP

Blick zurück nach vorn

Wie möchten Sie Vater sein? Wie will Ihre Partnerin Mutter sein? Schauen Sie sich gemeinsam Kinderfotos von Ihnen beiden an. Nehmen Sie Bilder aus verschiedenen Altersstufen, auf denen Sie jeweils mit Ihrem Vater (oder einer väterlichen Bezugsperson) zu sehen sind. Versetzen Sie sich in die Situationen:

- Wie haben Sie Ihren Vater damals erlebt? Woran erinnern Sie sich gern? Woran weniger gern? Benennen Sie positive Eigenschaften Ihrer Väter und solche, die Sie weniger schätzen.
- Stellen Sie sich jeweils vor, Sie seien der Vater auf dem Bild. Wie möchten Sie sein? Was wird Ihr Kind sich von Ihnen wünschen? Was möchten Sie ihm mitgeben?

Ob Sie sich direkt beim Betrachten erzählen, welche Bilder und Vorstellungen über Ihr eigenes Elternsein bei Ihnen auftauchen, oder ob Sie lieber hinterher darüber reden, bleibt Ihnen überlassen. Aber tauschen Sie sich über folgende Punkte aus:

- Wie haben Sie beide Ihre Väter erlebt?
- Was war gut, was hätte besser sein können?
- Wie wollen Sie vor diesem Hintergrund Vater sein?
- Wie stellt Ihre Partnerin sich den Vater ihrer Kinder vor?

Erweitern Sie diese Anregung nun:

- Betrachten Sie Kindheitsfotos, auf denen Sie jeweils mit Ihren Müttern sind. Stellen Sie sich dieselben Fragen wie oben.
- Versuchen Sie herauszufinden, wie Sie beide sich die Eigenschaften der Mutter Ihrer Kinder vorstellen.

Mit diesem Gedankenaustausch kommen Sie unausgesprochenen Erwartungen auf die Spur, die eine häufige Ursache von Konflikten sind. Sie entwickeln gemeinsam eine Vorstellung von Ihren Rollen als Vater und Mutter und davon, wie Sie als »Elternteam« zusammenarbeiten wollen.

SEXUALITÄT IN DER SCHWANGERSCHAFT

Mit der Schwangerschaft übernimmt der weibliche Körper Funktionen, die ihn in einen zwar natürlichen, aber doch ungewohnten Zustand versetzen, der viele Anstrengungen mit sich bringt. Aber die Schwangerschaft ist auch eine wunderbare Zeit für Sie beide, den eigenen Körper und die gemeinsame Sexualität neu zu entdecken. Sprechen Sie über diese Veränderungen – auch über mögliche neue Wünsche und Vorlieben, aber ebenso über Dinge, die Ihnen unangenehm sind. So können der wachsende Bauch und pralle Brüste die Lust stark anregen, aber auch das Gegenteil bewirken. Die körperlichen Veränderungen können neue Liebespositionen notwendig machen (oder dazu einladen), aber auch Angst vor Verletzungen wecken.

Ein Eldorado der Lust

Für viele werdende Eltern ist insbesondere das zweite Schwangerschaftsdrittel ein »Eldorado« der Lust. Viele Männer – und auch Frauen – finden den kugeligen Bauch sehr erotisch. Die weiblichen Brüste werden nicht nur größer, sondern auch deutlich empfindlicher.

Viele Frauen empfinden auch die stärkere Durchblutung des Scheiden- und Dammbereichs als sehr lustvoll und möchten in dieser Zeit häufiger Sex – mitunter mehr als ihr Partner! Wenn Sie unterschiedlich viel Lust aufeinander haben, kann es hilfreich sein, offen darüber zu sprechen und sich etwa mit dem Thema Selbstbefriedigung zu befassen, denn das kann Ihnen beiden Druck nehmen, vor allem, wenn Sie meinen, die Erwartungen des anderen erfüllen zu müssen. Wenn Sie es möchten, reden Sie nicht nur darüber, sondern tun Sie es einfach, ohne ein schlechtes Gewissen zu haben.

VERHÜTUNG IST ÜBERFLÜSSIG

Der große und wunderbare Vorteil der Schwangerschaft ist: Empfängnisverhütung ist in dieser Zeit kein Thema! Sie können Ihre Sexualität also nach Herzenslust genießen. Aus körperlicher Sicht gibt es keine Bedenken gegen sexuelle Aktivität in der Schwangerschaft, vorausgesetzt, es liegen keine Schwangerschaftsbeschwerden oder Komplikationen vor, die Sie einschränken. Sollten Sie oder Ihre Partnerin Zweifel haben, fragen Sie einfach die Frauenärztin oder die Hebamme beim nächsten Vorsorgetermin. Ansonsten gilt: Erlaubt ist, was beiden gefällt! Warum sollte es dem Kind nicht gut gehen, wenn es seinen Eltern gut geht? Wenn Sie sich durch die »dritte Person« gestört fühlen, denken Sie einfach daran, dass Ihr Kind Ihre Lust als Ausdruck Ihrer Liebe zueinander miterleben darf.

GEHEN SIE OFFEN MITEINANDER UM

Durch die Umstellung des weiblichen Hormonhaushalts in der Schwangerschaft kann es sein, dass die Vagina Ihrer Partnerin deutlich trockener ist. Falls dies Ihre gemeinsame Lust beeinträchtigen sollte, besorgen Sie sich ein Gleitmittel auf Wasser- oder Silikonbasis oder benutzen Sie ein parfumfreies Öl.

Falls der runde Bauch Sie beide bei Ihrer Lieblingsposition behindert oder sich irgendetwas nicht mehr so schön anfühlt wie vor der Schwangerschaft: Seien Sie kreativ, probieren Sie neue Dinge aus. Greifen Sie zu sexuellen Hilfsmitteln, angefangen mit Kissen, Decken oder sonstigen Polstern bis hin zu anderen Möglichkeiten der sexuellen Stimulation – gerade dann, wenn zum Beispiel eine sexuelle Vereinigung Ihnen oder Ihrer Partnerin nicht die gewünschte Lust bereitet.

Versuchen Sie beide, mit Ihrer Sexualität so offen wie möglich umzugehen. Erdulden Sie nichts dem anderen zuliebe. Horchen Sie in sich hinein, was Sie möchten, welche Alternativen es für Sie gibt, und bleiben Sie miteinander im Gespräch darüber – nicht nur während der Schwangerschaft. Denn unausgesprochene sexuelle Wünsche, falsch verstandene Liebesdienste und Tabus, die selbst in sehr vertrauten Paarbeziehungen zum Thema Sexualität bestehen, sind für viele Krisen und Trennungen mitverantwortlich. Hilfen zu Fragen rund um die Sexualität in der Schwangerschaft und nach der Geburt finden Sie unter www.familienplanung.de.

Wenn die Lust leidet

Im Gegensatz zum zweiten Schwangerschaftsdrittel fühlen sich einige Frauen in den ersten und den letzten drei Monaten der Schwangerschaft nicht immer richtig wohl in ihrer Haut. Insbesondere in den ersten Wochen leiden viele an Übelkeit und Erbrechen, die bei manchen unterschiedlich stark bis zum Ende der Schwangerschaft anhalten und entsprechend die sexuelle Lust dämpfen können.

Auch das letzte Schwangerschaftsdrittel ist für viele Frauen recht beschwerlich. Der Bauch nimmt ungeahnte Ausmaße an. Häufig klagen schwangere Frauen darüber, nicht mehr tief durchatmen zu können. Sie haben Schwierigkeiten beim Treppensteigen oder dabei, im Liegen ihre Position zu verändern.

Gerade im Sommer leiden sie unter Wassereinlagerungen in den Beinen und rund um die Gelenke. Hinzu kommen nicht selten Rückenschmerzen durch das zusätzliche Gewicht von bis zu 20 Kilogramm (!), das viele schwangere Frauen zu tragen haben.

All diese Veränderungen beeinflussen natürlich auch die sexuellen Bedürfnisse. Gerade in dieser anstrengenden Zeit suchen Frauen oft eher Zärtlichkeit, Nähe und Verständnis. Sie freuen sich, liebevoll umsorgt zu werden, und über sanfte körperliche Zuwendung oder entspannende Massagen. Manche Paare haben gerade in diesen beiden Phasen der Schwangerschaft wenig Sex miteinander.

Vielleicht hilft es Ihnen beiden, sich von dem Druck zu befreien, dass zu »gutem« Sex in jedem Fall das Umschließen des Penis durch die Vagina gehört. Seien Sie erfinderisch und offen für Neues. Tipps, wie Sie sich auch bei unterschiedlichen sexuellen Bedürfnissen langsam wieder aneinander herantasten können, finden Sie ab Seite 184.

»Mit dem nackten Körper stets den Begriff der Erotik zu verbinden: das ist wie beim Mund stets ans Essen zu denken.«

KURT TUCHOLSKY | DEUTSCHER SCHRIFTSTELLER (1890–1935)

Neigung zu vorzeitigen Wehen

Im Sperma sind Prostaglandine enthalten, das sind hormonelle Substanzen, welche die Öffnung des Muttermundes fördern und die Wehentätigkeit anregen – allerdings nur dann, wenn bei der Frau bereits eine Bereitschaft dazu besteht. Bei einer Neigung zu vorzeitigen Wehen sollten Sie bei Frauenärztin oder Hebamme nachfragen: Reicht es aus, Sperma vom Muttermund fernzuhalten, etwa durch ein Kondom? Oder schätzen die Fachleute auch bereits eine »mechanische« Stimulierung als wehenauslösend ein, sodass Sie besser ganz auf Geschlechtsverkehr verzichten, um die Gefahr einer vorzeitigen Geburt so gering wie möglich zu halten?

Wenn Sie nicht mehr warten wollen

Wenn medizinisch nichts dagegenspricht, können Sie – wenn Sie mögen – bis zur Geburt so lange und so viel Sex haben, wie es Ihnen beiden gefällt. Der näher rückende Geburtstermin ist kein Grund, auf Geschlechtsverkehr zu verzichten. Umstritten ist die Empfehlung, Sex zu haben, um das Eintreten der Geburt zu beschleunigen oder gar die Geburt herbeizuführen. Es liegt bei Ihrer Partnerin und Ihnen, ob Sie dieses »Hausmittel« ausprobieren möchten.

Die Geburt
DES KINDES IST DIE GEBURT DER FAMILIE

Noch vor ein paar Jahrzehnten fanden Geburten ohne den Vater des Kindes statt. Der Vater sollte nicht dabei sein und kaum einer hat das Bedürfnis danach geäußert. Heute hat sich dieses Bild um 180 Grad gewandelt. Fast alle Väter sind bei der Geburt ihrer Kinder anwesend und stehen ihrer Partnerin zur Seite. Eine erfreuliche Entwicklung, denn mit der Geburt des Kindes erleben Sie aktiv die eigene »Geburt als Vater« und gemeinsam mit Ihrer Partnerin und Ihrem Kind den Übergang vom Paar zur Familie!

DIE GEBURT GEMEINSAM ERLEBEN

Die frühere Annahme, die Anwesenheit des Vaters bei der Geburt würde das Komplikationsrisiko erhöhen, ist heute längst widerlegt: Ein gut informierter und vorbereiteter Vater ist eine wichtige Unterstützung: Er gibt der Gebärenden Geborgenheit und Sicherheit. Für Väter wird die Geburt ihres Kindes zu einem unvergesslichen Erlebnis. In diesem Augenblick stellen sie den ersten unmittelbaren Kontakt zu ihrem Kind her – sinnlich, körperlich und emotional. Die Geburt ist der Beginn einer wunderbaren, intensiven Beziehung zu Ihrem Kind!

Der beste Start ins Familienleben

Ergebnisse der Väterforschung zeigen, dass Väter, die die Geburt ihres Kindes miterleben

- üblicherweise mehr Zeit mit ihren Kindern verbringen,
- ihre Kinder häufiger wickeln,
- ihre Kinder häufiger am Körper tragen,
- öfter mit dem Baby im Kinderwagen oder im Tragetuch an die frische Luft gehen,
- sicherer im körperlichen Umgang mit dem Kind sind und mehr Spaß daran haben.

Ihr Kind profitiert deutlich, wenn Sie sich gut auf die Geburt vorbereiten und dabei sind: Kinder von engagierten Vätern sind anderen Kindern in ihrer Entwicklung voraus und sie sind über die gesamte Lebensspanne glücklicher (siehe Seite 12).

Auch Ihre Partnerschaft profitiert davon, wenn Sie die Geburt gemeinsam erleben. Es ist die Geburt Ihres Kindes. Ihre Partnerin wird Mutter, Sie werden Vater und Sie alle werden eine Familie. Sie haben eine Ausnahmesituation gemeinsam erlebt und durchgestanden. Das schmiedet Sie und Ihre Partnerin als Paar noch enger zusammen – die beste Grundlage, auch die oftmals anstrengende erste Zeit mit Kind gut zu meistern.

Viele werdende Väter haben widersprüchliche Gefühle, wenn sie an die herannahende Geburt denken: Auf der einen Seite wünschen sie sich sehnlichst, dabei zu sein, wenn ihr Kind geboren wird. Sie fiebern dem Moment entgegen, in dem sie es endlich zu Gesicht bekommen, anfassen und halten können. Auf der anderen Seite haben sie Angst, der Situation nicht gerecht zu werden, hilflos im Weg zu stehen und mit den Geburtsschmerzen ihrer Partnerin oder – noch schlimmer – mit Notfallsituationen konfrontiert zu sein.

Entdecken Sie Ihre Gedanken und Gefühle in Bezug auf die Geburt und finden Sie Ihren Weg als Geburtsbegleiter. Anregungen und Wegweiser dazu finden Sie auf den nächsten Seiten.

»Ich finde es schön, dass mein älteres Kind mich heute manchmal fragt, wie denn seine Geburt war – und ich kann darauf antworten! Das war mir damals, bei der Entscheidung, ›dabei zu sein‹, noch nicht bewusst!«

OLAF, 38 | VATER VON ZWEI KINDERN

Schmerzen, Schreie, Blut – Ihr Umgang mit dem Elementaren

Manche Menschen, Frauen wie Männer, können kein Blut sehen. Immer wieder berichten werdende Väter in Geburtsvorbereitungskursen, sie hätten Angst, ohnmächtig zu werden, wenn sie bei der Geburt dabei sind. Solche Bedenken sind normal – denn eine Geburt ist zweifellos eine Ausnahmesituation, bei der Sie Zeuge eines weltgeschichtlich einmaligen Ereignisses sind, wie der Geburtshilfemediziner Sven Hildebrandt es auf den Punkt bringt! Die Mythen über die im Angesicht des Vaterwerdens schwächelnden Männer halten sich hartnäckig. Je nachdem, wie lange die Geburt dauert, sind Väter möglicherweise sehr erschöpft, uns ist jedoch bis heute von keinem einzigen Fall berichtet worden, bei dem der Vater bei der Geburt seines Kindes tatsächlich »umgekippt« wäre.

Bestimmen Sie selbst, wie weit Sie gehen und sich mit »dem Elementaren« konfrontieren wollen – auch Ihrer Partnerin zuliebe, die eine ruhige und Zuversicht ausstrahlende Begleitung braucht. Wenn Sie aktiv beteiligt sein wollen, ist es sehr wahrscheinlich, dass Sie Blut und andere Körperflüssigkeiten sehen. Die beste Möglichkeit, sich über die zu erwartenden urmenschlichen Erfahrungen zu informieren, ist hier oft ein Gespräch mit Hebammen im Geburtsvorbereitungskurs und mit Männern und Frauen, die diese Erfahrung bereits einmal gemacht haben.

Doch auch während der Geburt können Sie sich noch entscheiden, was Sie sich wie weit zutrauen wollen. Wenn Sie in der Austrittsphase, also dann, wenn Ihr Kind tatsächlich geboren wird, am Kopf Ihrer Partnerin stehen, sitzen oder hocken und dort bleiben, bis Ihr Kind abgenabelt ist, bekommen Sie nicht viel vom Blut bei der Geburt mit. Wenn Ihnen zwischendrin doch einmal flau werden sollte, ist das in der ungewohnten, anstrengenden Situation völlig normal.

Nach der Geburt wird Ihre Partnerin noch einige Tage aus der Vagina bluten (siehe Seite 184), insbesondere in den ersten Stunden nach der Geburt. Gerade nach einer ambulanten oder außerklinischen Geburt können Sie dann noch einmal mit Blut konfrontiert werden, zum Beispiel, weil Ihre Partnerin vielleicht Ihre Hilfe beim Wechseln der Vorlage braucht.

Einige Menschen haben Probleme mit lauten Schmerzensäußerungen, Stöhnen und Schreien bei der Geburt. In einem guten Geburtsvorbereitungskurs (siehe ab Seite 42) erfahren Sie, wie wichtig es für Frau und Baby ist, die Wehen nicht stumm und mit zusammengebissenen Zähnen zu ertragen, sondern auch laut zu werden. Ihre Partnerin hilft dem Baby, durch den Geburtskanal zu kommen, wenn sie ihre Muskulatur locker lassen kann, indem sie die Lippen öffnet, tönt und auch schreit. Laute unterdrücken führt dagegen zu Verkrampfung.

Wenn Sie mit Ihrer Partnerin mitatmen und vielleicht sogar die tiefe Tonlage (»aaaah!«) vorgeben, fällt es ihr leichter loszulassen, und Ihnen selbst, mit der Lautstärke klarzukommen.

»Wir haben höhere Ausgaben, kürzere Nächte, aber dafür 3 500 g mehr Glück.«

UNBEKANNT, AUS EINER GEBURTSANZEIGE

Was Sie vor der Geburt klären sollten

WISSEN, WO DIE EIGENEN GRENZEN LIEGEN

Sie werden Ihre Partnerin bei der Geburt in einer körperlichen und psychischen Extremsituation sehen und begleiten. Die Geburt ist eine Grenz- und Ausnahmesituation, in der sie zum Teil starke Schmerzen haben wird. So haben Sie Ihre Partnerin noch nicht erlebt. Und dennoch sollten Sie sie in dieser Situation so gut es geht unterstützen.

Klären Sie deshalb rechtzeitig im Geburtsvorbereitungskurs (ab Seite 42) und im Gespräch mit Ihrer Partnerin, wie Sie Ihre Rolle sehen und welche Aufgaben Sie während der Geburt übernehmen können und wollen. Dann werden Sie auch wissen, wie Sie ihr Mut machen können, und ihr helfen, gemeinsam mit Ihnen die Geburtssituation so anzunehmen, wie sie ist – auch wenn Sie beide es sich vielleicht vorher ganz anders vorgestellt haben. Wenn Sie noch unsicher sind, ob und wie weit Sie bei der Geburt dabei sein und Ihre Partnerin unterstützen können, überlegen Sie nochmals:

- Welche Erwartungen und Befürchtungen haben Sie?
- Was möchten Sie sehen? Was möchten Sie nicht sehen?
- Wäre es eine Möglichkeit für Sie, zur Geburt mitzugehen – aber mit Ihrer Partnerin zu vereinbaren, dass Sie »aussteigen« können, wenn Sie an Ihre Grenzen kommen?
- Wie stehen Sie und Ihre Partnerin dazu, zu Ihrer beider Unterstützung eine weitere vertraute Person mit zur Geburt zu nehmen, die Sie beide entlasten kann?

CHECKLISTE

Organisation und Vorbereitung

In der Schwangerschaft erledigen

- Falls Sie nicht mit der Mutter Ihres Kindes verheiratet sind: Kümmern Sie sich um die Anerkennung der Vaterschaft (Gemeinde oder Jugendamt) und erklären Sie gemeinsam vor der Geburt die gemeinsame Sorge (siehe ab Seite 205). Hier sind nichteheliche Kinder und Väter in Deutschland immer noch benachteiligt!
- Planen Sie Elternzeit und die Aufteilung der Elterngeldmonate.
- Teilen Sie Ihrem Arbeitgeber rechtzeitig Ihre Elternzeit mit.
- Wenn Sie nicht direkt nach der Geburt Elternzeit/-geld beanspruchen möchten, planen Sie mit Arbeitgeber, Vorgesetzten, Kolleginnen Ihren flexiblen Urlaub nach der Geburt.

Vorbereitung der Geburt

- Klären Sie gemeinsam, wo Ihr Kind zur Welt kommen soll. Besuchen Sie Kreißsaalführungen und Infoabende in Geburtshäusern. Sprechen Sie mit Hausgeburts- beziehungsweise Beleghebammen (ab Seite 33).
- Suchen Sie sich so früh wie möglich eine Hebamme für Vorsorge, Geburt und Nachsorge – je nachdem, welche Hebammenleistungen Sie und Ihre Partnerin in Anspruch nehmen wollen und wo Ihr Kind zur Welt kommen soll (ab Seite 32).
- Informieren Sie sich optimal! Besuchen Sie mit Ihrer Partnerin einen Geburtsvorbereitungskurs für Paare (ab Seite 42).
- Behalten Sie Ihre Wünsche und Befürchtungen nicht für sich. Reden Sie mit Menschen, die Geburten erlebt haben. Über Ängste sprechen baut Ängste ab (ab Seite 45).
- Packen Sie rechtzeitig den Klinikkoffer (siehe Seite 71).
- Lernen Sie gegebenenfalls den Weg von zu Hause bis zur Klinik oder zum Geburtshaus auswendig. Wer fährt Sie, wenn Sie zu nervös sind?

Auch wenn Sie bei der Geburt dabei sind, müssen Sie nicht direkt dabei zusehen, wie Ihr Kind das Licht der Welt erblickt. Wenn Ihre Partnerin sich an Sie lehnt, Sie sie stützen, sie sich an Sie hängen kann oder Sie am Kopf Ihrer Partnerin sitzen, sind Sie ganz nah bei ihr, können ihr Mut machen und den Rest dem Geburtshilfeteam überlassen.

Wenn Sie nach allem Abwägen meinen, dass Sie nicht dabei sein können oder wollen: Auch das ist in Ordnung! Aber sprechen Sie mit Ihrer Partnerin rechtzeitig darüber. Am besten mindestens vier bis acht Wochen vor dem errechneten Geburtstermin. Dann hat sie noch genügend Zeit, sich eine andere Begleitung für die Geburt zu suchen.

Ob Sie sich nun für ein gemeinsames Geburtserlebnis entschieden haben, noch unsicher sind, was Sie wollen, oder schon wissen, dass Sie am »Tag X« nicht dabeibleiben werden: Lesen Sie weiter und bereiten Sie sich gut auf die Ankunft Ihres Kindes und auf alles andere rund um die Geburt vor.

BEGLEITUNG DURCH EINE DOULA

Wenn Sie eine weitere Person als Unterstützung mit zur Geburt nehmen wollen oder Sie selbst nicht mit zur Geburt gehen können oder wollen und Sie keine Person in Ihrem privaten Umfeld haben, die infrage kommt, kann die Begleitung durch eine Doula eine gute Idee sein.

Die Unterstützung von Schwangeren durch eine erfahrene Frau hat eine sehr lange Tradition. Doulas sehen sich als Begleiterin in der Schwangerschaft, bei der Geburt und im Wochenbett, die der Frau und ihrem Partner und bei Bedarf auch Geschwisterkindern hilft, emotional und organisatorisch mit der Situation zurechtzukommen. Bei der Geburt helfen Doulas, eine

Checkliste

Der Klinikkoffer – Helfen Sie beim Packen!

Auch wenn Sie zur Geburt nicht in eine Klinik möchten, sollten Sie für alle Fälle gerüstet sein. Halten Sie unabhängig vom geplanten Geburtsort ab drei Wochen vor dem Geburtstermin den Klinikkoffer bereit!

... für die Geburtsklinik/-station

- Krankenkassenkarte, Mutterpass, Geburtsurkunden von Ihnen und Ihrer Partnerin
- Bademantel
- Nachthemd/weites langes T-Shirt
- warme Socken
- bequeme Hausschuhe
- Waschzeug, Zahnbürste, Lippenpflege etc.
- Duftöl, Igel-Massageball, Lieblingsmusik auf dem Smartphone, Lektüre, Karten- oder anderes kleines Spiel
- Bonbons, Kaugummis
- Lieblingstee (Teebeutel)
- Kekse, Müsliriegel, Obst, auch für Sie
- Bei Bedarf Kamera für die ersten Babyfotos
- Mobiltelefon für die ersten Anrufe und (Bild-)Nachrichten

... für die Wochenbettstation

- 2 bis 3 Schlafanzüge, Nachthemden oder Leggins plus T-Shirts
- weite, bequeme Unterhosen
- Bustier oder Still-BH
- Schreibutensilien, um die Eindrücke festzuhalten
- Ohrstöpsel (für den Fall, dass es bei den Zimmernachbarinnen und deren Babys »rundgeht«)

... spätestens für den Heimweg mit Baby

- Body, Strumpfhose, Erstlingsmützchen und Söckchen
- Strampelanzug, Pullover, Overall, Babydecke
- Babyschale fürs Auto

kontinuierliche 1:1-Betreuung zu gewährleisten, sodass auch der werdende Vater entlastet ist und sich während der Geburt auf sich konzentrieren kann. Doulas ersetzen aber nicht das geburtshilfliche Personal, da sie über keine medizinische Ausbildung verfügen. Sie übernehmen rein psychosoziale Aufgaben. Die Kosten für die Begleitung durch eine Doula werden in Deutschland nicht von den Krankenkassen getragen (www.doulas-in-deutschland.de).

WANN ES SO WEIT IST ...

Beachten Sie, dass gerade einmal vier Prozent aller Kinder am errechneten Termin geboren werden! Die meisten kommen in einem Zeitraum von etwa 14 Tagen davor bis 14 Tage danach zur Welt. Alles innerhalb dieses Zeitraums gilt als normal. Gestalten Sie Ihre Planungen rund um den errechneten Geburtstermin also möglichst flexibel.

- Egal welchen Geburtsort Sie wählen: Kümmern Sie sich, wenn Sie bereits Kinder haben, rechtzeitig darum, dass diese während der Geburt bei Freunden, Nachbarn oder Großeltern gut untergebracht sind.
- Wenn Ihre Elternzeit direkt nach der Geburt beginnen soll, müssen Sie Ihrem Arbeitgeber spätestens sieben Wochen vor dem errechneten Geburtstermin die Elternzeit ankündigen und den tatsächlichen Geburtstermin unverzüglich mitteilen (siehe ab Seite 225).
- Wenn Sie für die Tage unmittelbar nach der Geburt lieber erst einmal Urlaub anstelle von Elternzeit nehmen, vereinbaren Sie mit Ihrem Arbeitgeber flexible Urlaubsregelungen rund um den errechneten Geburtstermin.

ES GEHT LOS

Das sicherste Zeichen dafür, dass die Geburt beginnt, ist das Einsetzen von regelmäßigen stärker und häufiger werdenden Wehen. Die meisten Frauen nehmen ein deutlich spürbares Ziehen im Unterbauch und/oder im Rücken wahr. Auch plötzliche Rückenschmerzen rund um den Geburtstermin können das »Startsignal« sein.

Ein weiteres Zeichen für den Geburtsbeginn ist das Platzen der Fruchtblase – auch ohne vorherige Wehentätigkeit. Beim »Blasensprung« kann das Fruchtwasser sowohl tropfenweise als auch in einem Schwall abfließen. Rufen Sie bei abgehendem Fruchtwasser im Kreißsaal oder bei Ihrer Hebamme an und fragen Sie, wie Sie sich weiter verhalten sollen.

Bei manchen Frauen ist auch das Lösen des Schleimpfropfs am Gebärmuttermund ein Zeichen für den Geburtsbeginn. Dieser Pfropf, der den Muttermund dicht abschließt, kann sich jedoch auch schon einige Zeit vor der Geburt lösen, ohne dass Wehen einsetzen. Dass sich der Pfropf gelöst hat, merken Frauen meist daran, dass sie plötzlich eine größere Menge blutigen Schleims im Slip oder in der Toilette vorfinden.

Wenn die Wehen seit einer halben Stunde regelmäßig alle fünf bis sieben Minuten kommen und Ihre Partnerin beginnt, sie als unangenehm zu empfinden, ist es Zeit für den Aufbruch. Wenn Sie zur Geburt in eine Klinik oder ein Geburtshaus fahren, greifen Sie sich den bereitstehenden Klinikkoffer, setzen Sie sich ins Auto – oder, noch besser, ins Taxi – und fahren Sie los. Wenn Sie eine Hausgeburt geplant haben, rufen Sie Ihre Hebamme an. Sie wird sich auf den Weg zu Ihnen machen.

Ein Erlebnis in fünf Phasen

1. **Die Eröffnungsphase** In dieser Phase muss sich der Gebärmuttermund auf etwa zehn Zentimeter weiten, um dem Kopf Ihres Kindes ausreichend Platz zu bieten. Das kann zwischen einer und zehn oder auch noch mehr Stunden dauern. Die Eröffnung wird von Wehen begleitet, die allmählich stärker werden. Helfen Sie Ihrer Partnerin so gut Sie können, mit den Wehen zu atmen.
2. **Die Übergangsphase** In der Übergangsphase, die meist nur einige Minuten dauert (manchmal länger), ist der Gebärmuttermund noch nicht vollständig geöffnet. Ihre Partnerin kann aber schon einen Pressdrang spüren. Den muss sie jetzt aber noch unterdrücken, bis der Muttermund wirklich vollständig eröffnet ist. Wie sie dabei richtig hechelt oder prustet, hat sie im Geburtsvorbereitungskurs gelernt und Sie können sie daran erinnern. Einige Frauen haben in dieser Geburtsphase das Gefühl »Ich kann nicht mehr! Es reicht! Ich gehe jetzt!«. Deshalb wird die Phase auch »Verzweiflungsphase« genannt. Hier sind Sie besonders gefragt, um Ihre Partnerin zu beruhigen und ihr Mut zu machen.
3. **Die Austritts- oder Pressphase** Ist der Muttermund genug geweitet, wird Ihr Kind mit den Wehen durch den Geburtskanal geschoben. Der Pressdrang ist dabei groß. Ihre Partnerin sollte ihm jetzt nachgeben und aktiv mitschieben. Die Hebamme leitet sie an. Richtiges Atmen, lautes Stöhnen und Schreien verstärken die Kraft Ihrer Partnerin. Sie sind kein Zeichen von Schwäche, sondern im Gegenteil ein Ausdruck der ungeheuren Energie, mit der sie Ihrem Kind auf die Welt hilft. Für viele Frauen ist eine aufrechte, hockende oder auch auf einem Gebärhocker sitzende Stellung angenehm für die

Geburtsphase – ermuntern Sie Ihre Partnerin, mehrere Positionen auszuprobieren. Sicher haben Sie während der Geburtsvorbereitung schon verschiedene Positionen durchgespielt und mögliche Hilfsmittel in Augenschein genommen oder ausprobiert. Genau jetzt können Sie Ihr Wissen mit Ihrer Partnerin in der Praxis nutzen.

4. **Ihr Kind ist da!** Ihr Baby sollte mit einem angewärmten Handtuch empfangen werden. Lassen Sie das Neugeborene dann Ihrer Partnerin oder sich selbst auf den nackten Oberkörper legen. Berühren und streicheln Sie Ihr Kind. Genießen Sie diese ersten Minuten mit ihm möglichst ungestört. Möglicherweise macht Ihr Baby schon nach einigen Minuten Schmatzbewegungen mit seinem Mund. Das ist die Gelegenheit für Ihre Partnerin, es zum Stillen anzulegen. Bitten Sie die Hebamme, ihr beim ersten Mal zu helfen und dabeizubleiben. Wenn Sie aufmerksam zuschauen, lernen Sie gleich etwas für die Stillunterstützung zu Hause.
5. **Die Nachgeburtsphase** Auch wenn Ihre Partnerin und Sie Ihr Kind bereits in den Armen halten, ist die Geburt noch nicht ganz beendet. Gratuliert wird Ihnen in der Regel erst, wenn auch die Nachgeburt, also die Plazenta, die Nabelschnur und die Eihäute, vollständig geboren ist. Das geschieht in der Nachgeburtsphase, meist 5 bis 20 Minuten nach der Geburt. Bei der Ablösung der Plazenta hilft das Stillen, da durch das Saugen an der Brust das Stillhormon Oxytocin gebildet wird. Es unterstützt die Gebärmutter dabei, sich zusammenzuziehen, und sorgt so mit für die Nachwehen. Oft helfen Hebammen etwas nach, indem sie leicht auf den Unterbauch drücken. Ist die Plazenta geboren, begutachtet die Hebamme, ob sie vollständig ist.

IHRE ROLLE BEI DER GEBURT

Wenn Sie Ihre Partnerin bei der Geburt begleiten, ist es das Wichtigste, einfach bei ihr zu sein. Das schätzen die meisten Gebärenden mehr als alles andere. Viele Frauen berichten nach der Geburt, dass ihr Partner für sie der wichtigste Helfer war – wichtiger als Hebamme und Arzt! Durch Ihre Anwesenheit unterstützen Sie Ihre Partnerin vor allem emotional. Sie geben ihr damit noch mehr Kraft für die Geburt.

Jede Geburt ist anders. Je nachdem, was Ihre Partnerin dabei von Ihnen braucht, können Ihre Aufgaben irgendwo zwischen Coach und Vermittler liegen.

Zwischen Coach und Vermittler

Vielleicht werden Sie während der Geburt ungeduldig und unzufrieden, weil Sie meinen, gar nicht aktiv werden zu können. Doch, Sie können! Sie können Ihrer Partnerin die Geburt nicht abnehmen – und das sollen Sie auch gar nicht.

Aber Sie dürfen sie anfeuern. Sie können ihr Mut zusprechen und ihr sagen, dass Sie beide mit jeder Wehe Ihrem Kind näher kommen. Es ist außerdem möglich, dass Ihre Partnerin irgendwann nicht mehr kann und ihre Kraft nachlässt. In dieser Situation können Sie die Rolle des Vermittlers zwischen ihr und der Hebamme und den Ärzten einnehmen.

Vor allem während der Wehen ist Ihre Partnerin vollkommen konzentriert und mit der Geburtsarbeit beschäftigt. Sie kennen sie am besten und Sie wissen, was sie jetzt braucht und was ihr hilft. So können Sie für die Hebamme ein »Übersetzer« sein. Umgekehrt können Sie Vorschläge und Anweisungen der Hebamme für Ihre Partnerin wiederholen und verstärken. Sie vermitteln ihr dadurch noch mehr Klarheit und Sicherheit und erleichtern so den Geburtsprozess.

CHECKLISTE

Was Sie unter der Geburt tun können

Am besten unterstützen Sie Ihre Partnerin bei der Geburt, indem Sie …

- das, was Ihre Partnerin wünscht und macht, als für sie stimmig und richtig akzeptieren.
- auf Ihre eigenen Möglichkeiten achten und sich nicht überfordern.
- Ihrer Partnerin Mut, Geduld und Kraft vermitteln.
- Ihre Partnerin nach Kräften loben: »Ja, das machst du super! Wow, hast du eine Kraft! Klasse!«
- ihre Hände halten (am besten ohne Ringe und mit kurzen Nägeln, beide können beim Zudrücken unter den Wehen tatsächlich wehtun!).
- sie an Übungen aus dem Geburtsvorbereitungskurs erinnern, zum Beispiel die Wehen zu veratmen.
- sie halten und stützen, indem Sie ihr unter den Wehen beim Stehen helfen oder sich auf einem Bett hinter sie setzen.
- in den Wehenpausen ihr Kreuzbein sanft drücken oder massieren, wenn ihr das angenehm ist.
- auf andere Weise durch Halten oder Gegendrücken als »Krafttrainer« assistieren.
- ihr den Schweiß abtupfen oder die Stirn kühlen.
- ihr in Wehenpausen ein paar Stückchen Obst reichen.
- ihr etwas zu trinken anbieten.
- nachspüren, Ihrer Intuition vertrauen, Vorschläge machen und fragen, was ihr guttun würde.

Eine Geburt, selbst wenn es sich um die zweite oder dritte handelt, ist meist ganz anders, als man denkt. Daher geht es nicht darum, ein vorher abgesprochenes oder eingeübtes Programm von Gebärpositionen »abzuspulen«. Fragen Sie Ihre Partnerin in der konkreten Situation, was sie braucht, was ihr hilft, machen Sie ihr Vorschläge. Manche werdenden Väter werden bei der Geburt ungeduldig. Atmen Sie dann ein paarmal ruhig ein und langsam wieder aus, gehen Sie eventuell ein paar Schritte, um Ihre Spannung loszuwerden. Es ist besser, sich Fragen an das Geburtshilfeteam nach der weiteren Dauer der Geburt zu verkneifen, um die Partnerin nicht zusätzlichem Stress auszusetzen.

So unterstützen Sie Ihre Partnerin

Die Geburt ist Schwerstarbeit für Ihre Partnerin und Ihr Kind. Sie wird Ihre Hilfeleistungen schätzen, wenn sie zu ihren jeweiligen Bedürfnissen passen. Sie können ihr die Geburtsarbeit und -schmerzen nicht abnehmen, aber Sie können sie unterstützen (siehe Checkliste Seite 77).

NEHMEN SIE ES NICHT PERSÖNLICH

Ihre Anwesenheit und Unterstützung gibt Ihrer Partnerin noch mehr Kraft für die Geburt. Damit sorgen Sie dafür, die Strapazen der Geburt erträglicher zu machen. Erwarten Sie aber nicht, dass sich Ihre Partnerin im selben Augenblick, in dem Sie ihr helfen, überschwänglich bei Ihnen bedankt. Sie ist jetzt mit anderen Dingen beschäftigt und sowohl emotional als auch körperlich stark belastet. Sie wird es später sicher nachholen. Wenn sie bei der Geburt auf Ihre Hilfsangebote nicht so reagiert, wie

Sie es sich wünschen: Lassen Sie es sich nicht anmerken, wenn Sie verletzt sein sollten. Fragen Sie einfach weiter nach, was sie stattdessen möchte.

Die Geburt ist eine Ausnahmesituation für Sie beide. Und auch wenn Sie normalerweise einen freundlichen Umgangston miteinander pflegen, kann es sein, dass Ihre Partnerin Sie (oder auch das Klinikpersonal) während der Geburt regelrecht »anschnauzt«. (Hebammen berichten, dass dies sogar recht häufig vorkommt.) Nehmen Sie das nicht persönlich und seien Sie nicht nachtragend.

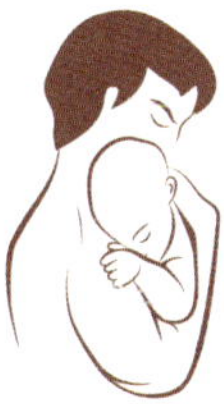

ERFAHRUNGSBERICHT

Paul, 32, ein Kind

Im Krankenhaus konnte ich sehr gut helfen! Es war noch nicht ganz so weit, als wir in der Klinik ankamen. Auf Anraten der Hebamme habe ich mit Nicole noch einen schönen Spaziergang gemacht, eine halbe Stunde, in der stürmischen Herbstnacht. Bei der Geburt habe ich Nicole dann gestützt – sie konnte sich an mir festhalten. In der anstrengenden Pressphase, in der es zur Sache ging, hat Nicole ihre Hände gegen meine Unterarme gedrückt und geschoben. Das war Krafttraining – für mich jedenfalls. Später hat Nicole zu mir gesagt: Toll, dass du da warst und das gemacht hast! Als Toni, unsere Tochter, draußen war, lagen wir Seite an Seite auf dem Bett. Wir haben unser Kind angeschaut, das auf Nicoles Bauch lag und Toni hat die Augen aufgemacht und uns angeguckt – und leise geseufzt. War das schön!

Männer im Kreißsaal: Was Vorbereitung bringt

Prof. Dr. Michael Abou-Dakn ist ärztlicher Direktor und Chefarzt der Klinik für Gynäkologie und Geburtshilfe, Sankt Joseph Krankenhaus, Berlin-Tempelhof, Mitglied der nationalen Stillkommission, Vorstand der WHO/UNICEF-Initiative Babyfreundliches Krankenhaus Deutschland, Ärztlicher Berater des Verbandes europäischer Laktationsberater/-innen IBCLC, Berufsverband Deutscher Laktationsberater/-innen.

Herr Prof. Abou-Dakn, Sie leiten seit vielen Jahren eine der größten Kliniken für Geburtshilfe in Deutschland und setzen sich dafür ein, dass Väter bei der Geburt ihrer Kinder dabei sind und auf dieses Ergeignis gut vorbereitet werden. Warum ist es wichtig, dass Väter bei der Geburt ihrer Kinder dabei sind?

Prof. Abou-Dakn: Wichtiger als die pure Anwesenheit ist die Einstellung der werdenden Väter zu ihrer neuen Rolle. Väter, die an einem guten Verhältnis zu ihren Kindern interessiert sind, zeigen auch im späteren Leben mehr Feingefühl im Umgang mit den Kindern.

Welche Möglichkeiten sehen Sie für werdende Väter, sich bei der Geburt einzubringen?

Prof. Abou-Dakn: Insbesondere die, ein »Ruhepol« für die Frau zu werden. Männer, die ihre Frau in ihrer Autonomie bestärken – das heißt, sie einfach nur positiv unterstützen –, helfen, das Geburtserlebnis zu verbessern und weniger Interventionen notwendig zu machen.

Wie hat sich die Geburtshilfe in den letzten Jahrzehnten im Bezug auf Väter verändert?

Prof. Abou-Dakn: Die Väter werden bei Geburten auch offiziell akzeptiert, zum Beispiel auch bei einem geplanten oder ungeplanten Kaiserschnitt. Es ist völlig normal geworden, dass bei einer Geburt Angehörige anwesend sind.

Was sollte Ihrer Meinung nach unbedingt auf eine Geburtscheckliste für Väter?

Prof. Abou-Dakn: Als wichtigster Punkt, dass Frau und Mann es wirklich wünschen, dass der Mann bei der Geburt dabei ist, und nicht einfach einer modernen Norm folgen. Wenn der Mann bei der Geburt dabei sein möchte und darf, dann sollte er sich auch entsprechend gezielt vorbereiten. Es fällt sonst manchmal sehr schwer, die ungewohnte Rolle des Unterstützers der Gebärenden einzunehmen. Männer können oftmals weniger aktiv helfen und ihre Partnerin unterstützen. Dies darf nicht missverstanden werden und zu Frust oder Aggressionen führen.

Wie können Männer ihre Partnerin bei der Geburt unterstützen? Welches sind hier zwei oder drei wichtige Aspekte?

Prof. Abou-Dakn: 1. Alles was die Partnerin wünscht und macht, ist richtig. 2. Auf seine eigenen Möglichkeiten schauen und sich nicht überfordern. 3. In der Regel können Männer nur passiv – Mut und Geduld vermittelnd – unterstützen.

Kritiker sagen, dass Väter auch stören können. Etwa weil sie die Aufmerksamkeit der Gebärenden auf sich ziehen und ihr damit die Konzentration erschweren. Oder es heißt, der Partner störe die Intimsphäre der Gebärenden. Was sagen Sie dazu?

Prof. Abou-Dakn: Wenn eine Frau während der Geburt den Eindruck hat, dass sie sich um ihren Partner kümmern muss, wäre dies tatsächlich ungünstig. Ich habe diese Kritik allerdings praktisch nie von den Frauen gehört. Diese Kritik stammt wohl eher von den Geburtshelfern und -innen und Hebammen. Diese haben gelegentlich den Eindruck, dass Väter in dieser Weise stören. Nach unseren Studien gibt es hierfür allerdings kaum Beweise. Per se stören Väter nicht, allerdings sind sie auch nicht automatisch hilfreich.

Welche Unterstützung brauchen Väter nach Ihrer Erfahrung bei der Geburt?

Prof. Abou-Dakn: Ich denke, dass geburtshilfliche Teams strukturierter mit Vätern umgehen müssen. Dazu gehört auch, wer wen unter welchen Umständen informiert und gegebenenfalls an Entscheidungen beteiligt. Väter haben gelegentlich den Eindruck, nicht ausreichend beteiligt zu sein, bekommen dann Angst und reagieren ungünstig. Väter sollten gezielt in Geburtsvorbereitungskursen über den Verlauf einer Geburt und ihre möglichen Rollen dabei informiert werden.

Sie empfehlen also werdenden Vätern, an Geburtsvorbereitungskursen teilzunehmen. Manchmal werden diese ja als »Hechelkurse« belächelt. Empfehlen Sie spezielle Kurse nur für werdende Väter?

Prof. Abou-Dakn: Wir haben Ende der 90er-Jahre die ersten Kurse nur für und mit Männern entwickelt. Aus unserer Sicht und den Ergebnissen unserer Studien sind Männer, die an solchen Kursen teilgenommen haben, besser informiert, haben weniger Ängste und können auch nach der Geburt, zum Beispiel bei Stillproblemen, sehr hilfreich sein. Wir wissen, dass viele Geburtsvorbereitungskurse durch Hebammen auch die Männer einbeziehen. Es scheint aber einen wesentlichen Unterschied zu machen, wenn Männer mal die Möglichkeit haben, unter sich mögliche Herausforderungen zu besprechen.

Welche besonderen Aufgaben können Väter bei Risikoschwangerschaften, insbesondere beim Kaiserschnitt, erwarten?

Prof. Abou-Dakn: Sie müssen die Unsicherheiten, psychischen Belastungen und auch körperlichen Einschränkungen mittragen. Sehr häufig folgen dann relativ lange Krankenhausaufenthalte – zum Beispiel bei Frühgeburten. Auch diese bedeuten eine besondere Belastung in der Partnerschaft, im häuslichen Umfeld und auch für Mann und Frau.

Sie setzen sich sehr für das Stillen ein. Was spricht aus Ihrer Sicht dafür? Wie lange sollte gestillt werden und wie können Väter das Stillen unterstützen?

Prof. Abou-Dakn: Dies ist eine sehr komplexe Frage, der man gerne eigene Bücher widmen kann. Aus Sicht der Kinder- und Frauengesundheit, aber auch aus ökonomischen Gründen spricht vieles dafür, die Kinder möglichst lange zu stillen. Beikost sollte möglichst nicht vor dem fünften bis sechsten Monat eingeführt werden und wenn es irgendwie geht keine Formulanahrung gefüttert werden. Männer helfen sehr, wenn sie die Frauen hierbei positiv und ohne Druck zu machen unterstützen. In Phasen, die mal schwieriger sein können, insbesondere am Anfang der Stillbeziehung, sollten sie die Frauen entlasten und ihnen Zuspruch geben. Dazu gehört auch, im Haushalt Verantwortung zu übernehmen und die Frauen weiter zu entlasten. Wir haben in unseren Studien zeigen können, dass Männer, die grob über Stillprobleme und deren Lösungen informiert wurden, ihre Frauen hervorragend beim Stillen unterstützen können. Also sollten Männer dieses auch bei Hebammen abfragen.

Was muss zum Thema Väter rund um die Geburt unbedingt noch gesagt werden?

Prof. Abou-Dakn: Freuen Sie sich auf alles, was kommt, und nutzen Sie Elternzeiten. Sie werden die Herausforderungen meistern! Scheuen Sie sich nicht Hilfe anzunehmen. Leider haben wir Männer bisher nur wenige Vorbilder, von denen wir lernen können, weil sich auch unsere Rolle erst in den letzten Jahrzehnten deutlich geändert hat.

HILFEN BEI DER GEBURT: TECHNIK, MEDIKAMENTE & CO.

Manche werdende Väter haben zwiespältige Gefühle angesichts der Technik, mit der Kreißsäle heute ausgestattet sind: Einerseits gibt es ihnen Sicherheit zu wissen, dass für Kontrollen und für den Notfall alles Nötige bereitsteht. Andererseits erschrecken manche vor den blinkenden und piepsenden Apparaten und bekommen damit erst Angst vor möglichen Komplikationen. Damit Sie wissen, welche Geräte (je nach Geburtsort gut sichtbar aufgestellt oder auch im Schrank versteckt) Ihnen im Kreißsaal Gesellschaft leisten können, hier ein kurzer Überblick:

Technische (Geburts-)Helfer

- **Der CTG/Cardiotokograf**, der Herzton- und Wehenschreiber, steht in Kliniken und auch in fast jedem Geburtshaus. Manche Hausgeburtshebammen verfügen über ein mobiles Gerät. Es kann die notwendigen Informationen über die Herzfrequenz und damit die Sauerstoffversorgung des Kindes liefern. Es wird meist – und im besten Fall – nicht permanent, sondern nur ab und zu zur Kontrolle eingesetzt. Das CTG hat für viele Männer eine besondere Faszination, da es die Wehen sichtbar macht.
- **Das Blutgasanalysegerät** liefert die nächsten Befunde, wenn das CTG-Signal vom üblichen Toleranzbereich abweicht. Es kann den pH-Wert des kindlichen Blutes ermitteln. Sollte dies

nötig sein, wird dem Kind während der Geburt durch die Scheide der Mutter vorsichtig in die Kopfhaut gepiekst und ein Tropfen Blut entnommen. Auf diese Weise kann besser darüber entschieden werden, ob und in welchem Umfang in die Geburt eingegriffen werden muss oder nicht. Ob und wie häufig diese Maßnahme zum Einsatz kommt, entscheiden Ärzte und Hebammen der Situation entsprechend und ihrer Erfahrung folgend unterschiedlich.

- **Mit dem Infusomat** wird die Geschwindigkeit und Dosierung einer Infusion gesteuert. Bei einer Wehenschwäche können wehenfördernde, bei zu starken Wehen wehenhemmende Medikamente gegeben werden. Ob, wann und welche Dosis an Medikamenten nötig ist, hängt von der Herangehensweise des Geburtshilfeteams ab.
- **Mit dem Blutdruckmessgerät** wird der Blutdruck der Gebärenden überwacht. Auch diese Messungen geschehen mehr oder weniger häufig, je nach Befindlichkeit der werdenden Mutter und der Erfahrung und Einstellung von Hebammen und Ärzten. Falls der Blutdruck plötzlich steigt, kann mit Medikamenten gegengesteuert werden.

Schmerzen lindern

Viele Ärzte und Hebammen sind der Ansicht, dass bei unkomplizierten Geburtsverläufen auf schmerzstillende Mittel verzichtet werden kann und sollte: Eine gut vorbereitete Frau in guter körperlicher und seelischer Verfassung benötigt meist keine solchen Hilfsmittel. Wenn die Geburt sich jedoch über viele Stunden hinzieht und die Frau erschöpft und schwach wird, können sie sinnvoll sein.

PDA – PRO UND KONTRA

Die PDA (Periduralanästhesie) wird häufig bei Klinikgeburten eingesetzt, meist auf Wunsch der Frauen. Hebammen und Ärztinnen in der Geburtshilfe sehen in der PDA vor allem bei komplizierten und langen Geburtsverläufen einen Segen für die Gebärende. Was spricht für diese Methode, was dagegen?

Ein großer Vorteil der PDA ist, dass die Frau bei Bewusstsein bleibt. Sie bleibt auch klar im Kopf, anders als bei vielen anderen Schmerzmitteln. Im Notfall kann die Dosierung der PDA auch so verstärkt werden, dass bei vollem Bewusstsein der Frau schmerzfrei ein Kaiserschnitt durchgeführt werden kann.

Ein Nachteil der PDA ist der Verlust des Gefühls für die eigene körperliche und seelische Leistung bei der Geburt. Ist die Anästhesie hoch dosiert, spürt die Frau die Geburtswehen kaum. Sie merkt oft nicht mehr, wann sie ihrem Kind durch Schieben und Pressen auf die Welt helfen muss. Dabei kann die Wehentätigkeit zurückgehen und weitere Interventionen nach sich ziehen, wie beispielsweise die Gabe von wehenfördernden Mitteln, vaginal operative Eingriffe, einen Dammschnitt oder den oft kritisch gesehenen Kristeller-Handgriff. Viele Frauen beschreiben das Geburtserlebnis mit PDA daher als weniger intensiv und die Folgeinterventionen als massive Eingriffe.

Gelegentlich treten als Nebenwirkung der PDA starke und lang anhaltende Kopfschmerzen auf. Andere Nebenwirkungen sind nach ärztlicher Erfahrung seltener.

Werdende Väter haben nach unserer Erfahrung sehr unterschiedliche Meinungen, was die PDA betrifft:

- Die einen raten ihren Frauen zu, weil sie es nicht ertragen können, sie leidend zu erleben.

- Die anderen raten ihnen ab, weil sie sich eine »natürliche« Geburt wünschen oder bedauern, einen Teil ihrer Begleiterrolle zu verlieren.

Eine pauschale Bewertung, ob die PDA »richtig« oder »falsch« ist, gibt es also nicht. Eine Einschätzung sollte immer situationsbezogen sein. Wägen Sie das Für und Wider in Ruhe gemeinsam ab, aber legen Sie sich vorab nicht dogmatisch fest. Hebammen und Ärztinnen entscheiden in der konkreten Situation nach Absprache mit Ihrer Partnerin und Ihnen, ob und wenn ja welche Schmerzmittel zum Einsatz kommen sollen.

An sich besteht kein Grund dafür, dass Sie nicht im Kreißsaal blieben können, wenn eine PDA zum Einsatz kommt. Auch jetzt bleiben Sie der Begleiter Ihrer Partnerin. Wenn Sie eventuell nicht bleiben möchten, besprechen Sie dies möglichst bereits vor der Geburt; dann können Sie sich in der Situation entscheiden.

*»Die meisten Geräte im Kreißsaal kannte ich nicht,
bis auf den Wehenschreiber.
Ich dachte: Wenn wirklich was schiefgehen sollte,
dann sind sie eine Hilfe!«*

OLAF, 38 | VATER VON ZWEI KINDERN

TIPP

Mögliche Maßnahmen bei Schmerzen

Beschäftigen Sie sich rechtzeitig gemeinsam mit Ihrer Partnerin mit Möglichkeiten der Schmerzlinderung. Überlegen Sie mit ihr, welche Maßnahmen infrage kommen, welche eher nicht. Bedenken Sie jedoch, dass die realen Bedingungen bei der Geburt andere Entscheidungen notwendig machen können.

Eigene Aktivität:

- Entspannungs- oder Atemübungen
- Bewegung
- Wärme (z. B. Wärmflasche)
- ein warmes Bad
- Massage

Alternative Medizin:

- Aromatherapie
- Kräutertee
- Bachblüten
- Akupunktur
- Homöopathie

Atmosphäre:

- Ruhe, gedämpftes Licht
- Anwesenheit einer vertrauten Person
- Vertrauen in die Gebärfähigkeit der Frau
- aufmerksames Begleiten und Anleiten durch die Hebamme
- Vermeiden von Störung durch wechselndes Personal

Medikamente:

- krampflösende Mittel
- Beruhigungsmittel (mögliche Nachteile: Schläfrigkeit des Kindes nach der Geburt und damit verbundene Stillprobleme)
- Schmerzmittel (mögliche Nachteile: können den Kreislauf der Mutter beeinträchtigen und das Kind schläfrig machen)
- Periduralanästhesie (PDA)

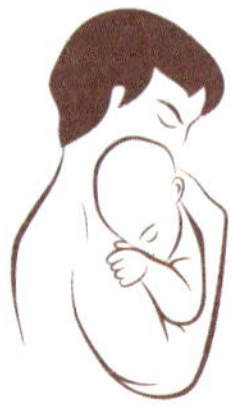

ERFAHRUNGSBERICHT

Klaus, 30, ein Kind

Wehen? Fehlanzeige! Am zehnten Tag nach dem errechneten Geburtstermin wurden wir vom Arzt in die Geburtsklinik beordert. Erst bekam Sandra Prostaglandingel. Nichts passierte. Nach vierzehn Stunden in der Klinik war Sandra todmüde. Nun wurde die Geburt per Infusion mit wehenfördernden Mitteln eingeleitet. So sehr wir die Wehen herbeigesehnt hatten, so sehr trafen sie meine Frau jetzt mit voller Wucht: Sie bekam extreme Schmerzen und ich machte mir große Sorgen! Sandra bat um die PDA, doch die Hebamme schlug vor, es zunächst mit einer Spritze zur Schmerzlinderung zu versuchen. Die wirkte nicht und nun bekam Sandra die PDA. Mich schickte man nach draußen. Wenn ich ehrlich bin, war ich erleichtert darüber. Als ich zurückkam, war meine Frau wie ausgewechselt: Sie begrüßte mich strahlend und mit neuem Mut. In dieser Situation war die PDA Gold wert.

MIT SCHMERZEN UND ÄNGSTEN UMGEHEN

Der deutlich steigende Einsatz der PDA und anderer Schmerzmittel legt nahe, dass die Angst vor Schmerzen zunimmt. Es ist normal, dass werdende Väter und Mütter sich während der Schwangerschaft und vor der Geburt Sorgen um die Gesundheit ihres Kindes machen. Dabei dienen alle vorgeburtlichen Vorsorgemaßnahmen und Untersuchungen grundsätzlich dazu, das Kind im Mutterleib zu schützen, eventuelle Fehlentwicklungen zu erkennen und behandeln zu können.

Bei vielen werdenden Vätern und Müttern lösen Vorsorgeuntersuchungen und Pränataldiagnostik jedoch auch Ängste aus:

Rund um Schwangerschaft und Geburt scheinen jede Menge Risiken und Gefahren zu lauern. Die Eltern sorgen sich, dass es dem Kind nicht gut gehen könnte, dass Anomalien, Krankheiten oder Missbildungen drohen oder die Schwangerschaft für Mutter und Kind gefahrvoll verlaufen könnte.

Viele Hebammen und geburtshelfende Ärzte meinen, dass das auch dazu führt, dass werdende Mütter und Väter sich immer weniger auf ihre Intuition und das eigene Gefühl verlassen. Das Selbstvertrauen in Sachen Schwangerschaft und Geburt geht zurück – obwohl Frauen seit Bestehen der Menschheit Kinder bekommen und obwohl eine Geburt noch nie so gefahren- und komplikationsarm wie heute verlaufen konnte.

Auf der anderen Seite erleben wir heute kaum noch Geburten in unserem privaten Umfeld mit. Der ganz normale Schritt ins Leben ist uns also immer weniger vertraut und damit beängstigender. Eine gute Hilfe gegen diese Unsicherheit ist der Austausch mit geburtserfahrenen Eltern.

TIPP

Nutzen Sie die Erfahrungen anderer!

Mehr Selbstvertrauen rund um Schwangerschaft und Geburt können Sie bekommen, indem Sie mit erfahrenen Eltern oder auch mit den eigenen Eltern über das Thema sprechen. Fragen Sie nach, wie Mütter und Väter in Ihrem Umfeld mit den Schmerzen umgegangen sind.
Die Weitergabe von Wissen und persönlichen Erfahrungen von Generation zu Generation ist wichtig – nutzen Sie diesen Schatz!
Sprechen Sie mit Ihrer Partnerin über ihren Umgang mit Schmerzen. Tabuisieren Sie das Thema nicht. Informationen über mögliche Komplikationen und den Umgang mit Schmerzen helfen, Ängste abzubauen.

KAISERSCHNITT – UND IHRE ROLLE ALS VATER

Etwa ein Drittel aller Kinder in Deutschland kommen durch einen Kaiserschnitt zur Welt. In den letzten 30 Jahren ist dieser Wert beständig angestiegen. Ein Kaiserschnitt kann in Notsituationen das Leben von Mutter und Kind retten. Ohne triftigen medizinischen Grund sollte er jedoch nicht angewendet werden, da die Risiken für die Mutter und das Kind deutlich höher sind als bei einer vaginalen Geburt. Grundsätzlich wird zwischen primärem und sekundärem Kaiserschnitt unterschieden.

Primärer Kaiserschnitt

Die wichtigsten medizinischen Gründe für den primären, also einen geplanten Kaiserschnitt (»elektive Sectio«, so der medizinische Fachbegriff) sind:

- Die Lage des Kindes im Mutterleib erschwert eine normale Geburt deutlich (Quer- oder Schräglage; Beckenendlage bei schmalem Becken der Mutter).
- Die Plazenta liegt vor dem Muttermund (»placenta praevia«).
- Die Mutter hatte vorher bereits einen oder mehrere Kaiserschnitte.
- Es kommen Drillinge oder noch mehr Kinder zur Welt.

Der häufigste nichtmedizinische Grund für einen Kaiserschnitt ist der Wunsch der Mutter. Auslöser für den »Wunschkaiserschnitt« ist häufig eine diffuse Angst vor einer normalen Geburt.

Dazu gehört die Sorge, dass durch eine Entbindung das Becken zu stark belastet wird oder dass die Vagina beschädigt, »entwertet« oder zu sehr geweitet werden könnte.

Aus medizinischer Sicht rechtfertigen diese Ängste oder Einstellungen einen Kaiserschnitt nicht. Andererseits wollen viele Ärzte und Kliniken sich den Wünschen werdender Eltern nicht entgegenstellen. Unter dem Stichwort Patientinnenautonomie soll die Patientin, soweit es verantwortbar ist, selbst entscheiden können, wie sie behandelt werden möchte. Oft befürchten Kliniken, rechtlich und finanziell belangt zu werden, wenn bei einer normalen Geburt unvorhergesehene Komplikationen auftreten. Die Bereitschaft, auch kleinere Risiken einzugehen, ist daher eher gering und die Tendenz zum Kaiserschnitt relativ hoch.

Ihre Partnerin und Sie sollten bedenken, dass es sich beim Kaiserschnitt um eine Operation mit all ihren Risiken handelt. Es werden sieben Haut-, Fett-, Muskel- und sonstige Gewebsschichten durchtrennt und anschließend wieder zusammengenäht. Dies ist eine richtige Operation, auch wenn die Schnitte immer kleiner werden oder beim sogenannten »sanften Kaiserschnitt« nicht mehr nur geschnitten, sondern auch gerissen wird, weil das Gewebe so schneller verheilt. Auch hier muss eine Öffnung von 10 bis 12 Zentimetern erreicht werden.

Bei beziehungsweise nach einem Kaiserschnitt besteht ein durchaus höheres Komplikationsrisiko als bei einer normalen Geburt! Zudem: Bei einem geplanten Kaiserschnitt erlebt die Mutter keine Wehen. Diese haben jedoch auch die wichtige Funktion, Kreislauf, Atmung und Stoffwechsel des Kindes anzuregen. Zudem fördern sie die Ausschüttung des Bindungshormons Prolaktin, des Liebeshormons Oxytocin und von körpereigenen Endorphinen, die Glücksgefühle auslösen. Ein Fehlen oder eine geringere Ausschüttung dieser Hormone und die Wundschmerzen nach dem Kaiserschnitt können zu Bindungs- und Stillschwierigkeiten führen. Zudem stärkt der Kontakt mit dem Vaginalsekret das Immunsystem des Babys. All diese Faktoren sollten bei der Erwägung eines »Wunschkaiserschnitts« mit bedacht werden.

»Eine Geburt mag gefährlich sein.
Aber auch nicht gefährlicher als das folgende Leben.«

ERHARD BLANCK | DEUTSCHER HEILPRAKTIKER

Sekundärer Kaiserschnitt

Der sekundäre, also ungeplante und medizinisch notwendige Kaiserschnitt wird in der Regel dann durchgeführt, wenn es bei einer normal begonnenen Geburt unvorhergesehen zu Komplikationen kommt oder wenn bereits vor Einsetzen der Wehen Situationen eintreten, in denen das Kind schnell »zur Welt geholt« werden muss.

Die beiden häufigsten Gründe für die kurzfristige Entscheidung zu einem Kaiserschnitt während einer bereits begonnenen Geburt sind:

- Der sogenannte Geburtsstillstand. Hier sind die Wehen über einen längeren Zeitraum zu schwach oder hören manchmal auch ganz auf. Die Gebärende ist erschöpft und das Baby kommt nicht weiter. Für den Einsatz von Saugglocke oder Geburtszange liegt es jedoch noch zu hoch im Becken oder der Muttermund ist noch nicht weit genug geöffnet.

- Der Herzschlag des Kindes verändert sich. Die Aufzeichnungen des CTGs (siehe Seite 85) legen nahe, dass das Kind nicht ausreichend mit Sauerstoff versorgt wird. Ein Kaiserschnitt kann in einer solchen Situation zwingend notwendig werden. Er kann das einzige Mittel sein, Ihr Kind vor dauerhaften Schäden zu bewahren und sein Leben zu retten.

Ihre Aufgaben beim Kaiserschnitt

Sowohl der geplante als auch der ungeplante Kaiserschnitt kann unter lokaler Betäubung, also einer Peridural- oder Spinalanästhesie (die Betäubung über die das Rückenmark umgebende Flüssigkeit, siehe Seite 87), oder unter Vollnarkose durchgeführt werden. In beiden Fällen ist es wichtig, dass Sie genau wie bei einem normalen Geburtsverlauf dabei sein können, wenn Ihr Baby geboren wird. So können Sie die ersten Lebensminuten trotz der äußeren Umstände gemeinsam verbringen. Das ist nicht nur für Ihr neugeborenes Baby wichtig, sondern auch für Ihre Partnerin und für Sie selbst.

Normalerweise besteht weder aus ärztlicher noch aus klinikorganisatorischer Sicht ein Grund dafür, dass der werdende Vater von einer Kaiserschnittgeburt ausgeschlossen wird. Das gilt in der Regel auch dann, wenn diese nicht geplant war. Dabei spielt es keine Rolle, ob der Kaiserschnitt unter örtlicher Betäubung (PDA) oder unter Vollnarkose stattfindet. Im Gegenteil: Für die Mutter und für das Baby ist die Anwesenheit des Vaters in diesem Fall sogar besonders wichtig. Gleichwohl werden

Väter insbesondere beim Kaiserschnitt unter Vollnarkose oft aufgefordert, den OP-Raum zu verlassen. Fragen Sie, warum das nötig ist. Am besten klären Sie bereits vor der Operation, ob Sie dabeibleiben können.

Wird der Kaiserschnitt mit einer PDA durchgeführt, können Sie Ihrer Partnerin die Hand halten, sie beruhigen und leise mit ihr sprechen. Auf diese Weise können Sie die Situation für sie erleichtern. Keine Angst: Sie müssen nicht mit ansehen, wie der Bauch geöffnet wird. Ab Brusthöhe ist der OP-Bereich mit einem Tuch abgehängt, sodass Sie beide nicht sehen können, wie die Geburtshelfer vorgehen. Akustisch werden Sie vom Geschehen aber nicht ausgeschlossen.

Wenn Ihre Partnerin unter Vollnarkose steht, sollten Sie dabeibleiben, um Ihr Baby in Empfang zu nehmen und es auch stellvertretend für Ihre Partnerin zu begrüßen. Darüberhinaus können Sie ihr danach genau berichten, was bei der Geburt passiert ist.

Wenn Ihr Baby untersucht wurde und keine medizinische Versorgung benötigt, legen Sie es sich auf Ihren nackten Oberkörper und geben Sie ihm Wärme und Geborgenheit. Nehmen Sie Ihr Kind sobald es geht in den Arm, halten und tragen Sie es, nehmen Sie Kontakt auf. Je mehr Zeit Sie in Ruhe miteinander verbringen können, desto besser ist es für Sie und Ihr Baby.

Nicht wenigen Frauen geht es nach einer Kaiserschnittgeburt unter Vollnarkose psychisch schlecht. Da sie die Geburt ihres Kindes nicht bewusst erlebt haben, fehlt dieses wichtige Erlebnis in ihrem Gedächtnis. So kann das Gefühl entstehen, versagt zu haben. Deshalb ist es so wichtig, dass die Mutter das Ereignis »nachholen« kann – und dafür sind Sie die bedeutsamste Person. Erzählen Sie Ihrer Partnerin ausführlich von der Geburt.

WENN PLÖTZLICH ALLES GANZ ANDERS LÄUFT

Manchmal, aber insgesamt selten, verläuft eine Geburt völlig anders, als die werdenden Eltern es sich vorgestellt oder gewünscht haben. Meist kündigt sich dies auch längere oder kurze Zeit vorher an. Die folgenden unerwarteten Situationen können eintreten:

- Das Kind kommt viel zu früh.
- Die Geburt dauert sehr lange und ist sehr schmerzhaft.
- Dem Kind muss mit der Zange oder der Saugglocke auf die Welt geholfen werden oder andere oft als gewaltsam empfundene geburtshilfliche Maßnahmen (Dammschnitt, Kristeller-Handgriff) werden angewendet.
- Das Leben des Babys ist bei der Geburt bedroht, sei es aufgrund von Sauerstoffmangel oder aus anderen Gründen.
- Ein Kaiserschnitt wird notwendig.

Kommunikation ist wichtig

Wenn die Geburt komplizierter verläuft, als sie es erwartet haben, wenn plötzlich ein Kaiserschnitt oder andere Hilfsmittel notwendig werden, um Schaden von Mutter und Kind abzuwenden, bekommen viele werdende Mütter und Väter Angst.

In einer solchen unerwartet schwierigen Situation ist die Kommunikation zwischen Arzt und Hebamme auf der einen Seite und Mutter und Vater auf der anderen Seite besonders wichtig. Reißt sie ab, können Gefühle ohnmächtiger Angst entstehen. Plötzlich ist ein zweiter Arzt im Raum, die Ärzte agieren schnell, reden in unverständlichem Fachjargon, nutzen zum Teil grob oder sogar brutal wirkende Hilfstechniken wie Dammschnitte oder das äußere Mitschieben des Kindes in Richtung Beckenausgang (Kristeller-Handgriff). In solchen Situationen bekommen manche werdenden Eltern ein Gefühl, als ginge es um Leben und Tod.

Wenn Ihre Partnerin und Sie das Gefühl haben, die Situation nicht mehr zu verstehen oder den Überblick zu verlieren: Versuchen Sie, den Informationsfluss wiederherzustellen. Trauen Sie sich, die Ärztinnen oder Hebammen zu fragen, was gerade passiert und was getan wird.

Traumatische Erfahrungen

Solche traumatischen Geburtserlebnisse hinterlassen bei vielen Müttern, Vätern und Kindern ihre Spuren. Je nachdem, ob und wie gut diese Erlebnisse verarbeitet beziehungsweise aufgearbeitet werden, können sie zu unterschiedlich schweren und unterschiedlich langen psychischen Krisen führen. Für solche Krisen nach Geburtserlebnissen gibt es leider kein einheitliches professionelles Hilfesystem. Falls Sie betroffen sind, wenden Sie sich am besten noch im Krankenhaus an die Hebammen und Ärzte. Während der Wochenbettphase zu Hause berät Sie die nachsorgende Hebamme. Die Landeshebammenverbände nennen Ihnen darüber hinaus Kolleginnen, die für die Unterstützung in Krisensituationen nach der Geburt besonders fortgebildet sind (Adressen und Buchhinweise ab Seite 236).

Eine krisenhafte Reaktion nach einem als traumatisch erlebten Geburtsverlauf ist normal. Es ist wichtig und richtig, dass Sie in einer solchen Situation überhaupt reagieren und nicht schockiert »einfrieren«. Viele Männer erzählen, dass sie in einer Krise bei oder nach einer Geburt unwillkürlich aggressiv wurden und selbst über ihre Wutausbrüche erschrocken waren. Wenn Psychologen ihnen dann sagten, dass es vielen anderen Männern und auch Frauen ebenso erging, fühlten die betroffenen Männer sich oft erleichtert.

In einer Krisensituation, egal, ob nach einer schweren Geburt oder nach einem anderen Ereignis, ist es besonders wichtig, sich nicht in sich zurückzuziehen, sondern über das Geschehene und das Erlebte zu reden. Viele Männer meinen, dass sie besonders stark sein müssen, wenn es der Partnerin schlecht geht. Sie trauen sich nicht, ihre Trauer, ihre Angst oder ihre Verletzungen zu zeigen. Oft hilft es der Frau aber mehr, wenn sie hört, wie nah auch ihrem Partner das Erlebte geht.

Nicht alle Eltern benötigen in solchen Krisensituationen professionelle therapeutische Hilfe. Aber: Es ist weder ein Zeichen von Schwäche noch eine Niederlage, sich diese Unterstützung zu holen, etwa bei Familienberatungsstellen oder niedergelassenen Psychotherapeuten.

Wenn Sie zu der Einschätzung gelangen, während der Geburt sei unverhältnismäßig grob gehandelt, nicht angemessen mit Ihnen oder Ihrer Partnerin umgegangen oder deutlich stärker eingegriffen worden als notwendig, dann bitten Sie um ein klärendes Gespräch. Wenn Sie dabei das Gefühl haben, dass nicht im erforderlichen Maß auf Sie eingegangen wird, nehmen Sie Kontakt mit der Klinikleitung auf.

DIE ERSTEN MINUTEN

Sie haben es geschafft: Ihr Kind liegt auf dem Bauch Ihrer Partnerin – oder auch in Ihrem Arm. Sie haben tausend Gründe, sich jetzt riesig zu freuen, Tränen zu vergießen, einmal tief durchzuatmen, Ihr Herz noch einmal ganz weit aufzumachen und eine herzliche Begrüßung auszusprechen. Jeder tut das auf seine ganz spezielle Art und Weise.

Bonding: Sanfte Kontaktaufnahme

Diese ersten Minuten mit Ihrem Kind sind sehr wichtig. Sie begrüßen es, Sie nehmen mit Leib und Seele Kontakt zu ihm auf. Vielleicht sind Sie auch überrascht darüber, wie Ihr Baby jetzt tatsächlich aussieht: Meistens ist ein Neugeborenes etwas schrumpelig und weniger rosig und häufig ist es auch etwas kleiner als erwartet.

Entwicklungspsychologinnen nennen diese Kontaktaufnahme in den ersten Minuten nach der Geburt »Bonding«. Das hat nichts mit James Bond zu tun, sondern es bedeutet so viel wie »sich fest verbinden« oder »eine feste Verbindung herstellen«. Hierfür haben Sie alle – Kind, Mutter und Vater – Zeit zu dritt in aller Ruhe verdient. Wenn das Klinikpersonal Sie dafür in gedämpfter Atmosphäre allein lassen kann – hervorragend!

Das Baby sollte erst nach dieser Phase der Ruhe und des Unter-sich-Seins gewaschen, gewogen und angezogen werden. Sichern Sie sich Ihre Zeit fürs Bonding – Schleim- und Blutreste stören dabei eigentlich nicht. Stellen Sie vor der Geburt sicher, dass Sie nach der Geburt diese ungestörte Zeit zu dritt haben.

Falls Sie diese Möglichkeit nicht haben: Der Bindungsaufbau ist natürlich nicht allein auf die ersten Minuten nach der Geburt beschränkt, sondern ein lebenslanger Prozess. Trotzdem wäre es ideal, wenn Sie Ihrem Kind bei den ersten Eindrücken, die es von der Welt bekommt, ganz nahe sein könnten. Es kann sein, dass Ihr Baby nicht gleich nach der Geburt bei Ihnen sein kann, etwa weil es medizinisch versorgt werden muss. Es kommt auch vor, dass eine völlig erschöpfte Mutter zur Kontaktaufnahme zum Baby nicht mehr fähig oder bereit ist. Aber Sie, der Vater, sind ja auch da und in dieser Situation besonders wichtig: Sie kümmern sich um Ihr Kind, während Ihre Partnerin sich ein wenig erholen kann.

Wenn Sie nicht gleich nach der Geburt die Möglichkeit zur ruhigen und sanften Kontaktaufnahme zu Ihrem Kind haben, brauchen Sie nicht zu befürchten, dass die Chancen zur Beziehungsaufnahme nun verloren sind. Sie und Ihr Kind werden sich in den nächsten Tagen und Wochen noch viel besser kennenlernen und eine immer schönere und intensivere Beziehung entwickeln. Nehmen Sie sich so viel Zeit wie möglich dafür.

Ihre »Geburt« als Vater

Mit der Geburt geht es erst richtig los: mit der Verantwortung, mit der Übernahme von Aufgaben und Pflichten – aber auch mit dem Spaß! Vatersein ist eine enorme Bereicherung des Lebens. Einen kleinen Menschen beim Aufwachsen aktiv begleiten und unterstützen zu können, ihm das Leben und die Welt vermitteln und dabei immer wieder auch das Kind in sich selbst entdecken zu können: Das werden Sie wahrscheinlich bald nicht mehr missen wollen.

DIE ERSTE ZEIT ZU DRITT – EIN SCHÖNER **Kraftakt!**

Die Geburt Ihres Kindes ist ein ganz besonderes und prägendes Ereignis mit nachhaltiger Wirkung! Die Umstellungen, die die Ankunft eines Babys mit sich bringt, sind häufig größer als erwartet. In diesem Kapitel geben wir Ihnen Tipps, die Ihnen bei all den Veränderungen im Alltag helfen können, die erste Zeit mit Ihrem Kind zu genießen.

IHR ÜBERGANG ZUR VATERSCHAFT

Glückwunsch, Sie haben es geschafft! Sie drei – Ihr Kind, Ihre Partnerin und Sie – haben eine anspruchsvolle Zeit und ein schwieriges, kräftezehrendes Ereignis hinter sich. Doch jetzt geht es erst richtig los: Sind Schwangerschaft und Geburt überstanden, ist es neben der körperlichen Erholung vor allem wichtig, als Familie zusammenzufinden.

An dieser Stelle sind auch Sie wieder gefragt: Wie geht es Ihnen als frischgebackener Vater, was verändert sich für Sie, worauf freuen Sie sich – und bei welchen Gedanken wird Ihnen vielleicht mulmig?

Dass ein Kind das Leben seiner Eltern radikal auf den Kopf stellt, haben Sie wahrscheinlich schon gehört. Doch was verändert sich wirklich? Viele junge Eltern sagen, dass alles ganz anders ist, als sie es sich vorgestellt haben. Sie fragen sich manchmal, ob sie ihrem Baby genug Zuwendung entgegenbringen und ob der Stress der ersten Wochen und Monate wirklich irgendwann nachlassen wird.

Wir wollen Sie deshalb einladen, sich auf die wichtigsten Veränderungen einzustellen, die in Ihrem Leben als Vater so oder so ähnlich eintreten können.

Ein neuer Lebensabschnitt: zwischen Freude und Entbehrungen

Spätestens mit der Geburt Ihres Kindes beginnt ein neuer Lebensabschnitt für Sie und Ihre Partnerin. Sie halten einen kleinen Menschen in den Armen, mit dem Sie für Ihr ganzes weiteres Leben verbunden sein werden. Das bedeutet auf der einen Seite viel Spaß, Freude, Verlässlichkeit und Liebe und auf der anderen Seite einen immensen Zugewinn an Verantwortung und auch die ein oder andere Entbehrung. Nicht umsonst lautet zum Beispiel eine altbekannte Redensart: »Die Kunst der Elternschaft besteht darin zu schlafen, wenn das Baby nicht hinsieht.«

GLÜCK UND CHANCEN

Es ist eine große Erfüllung, Vater zu sein, wirklich gebraucht zu werden, eine der wichtigsten Personen in der Welt eines kleinen Kindes zu sein und die eigenen Ideale und Wertvorstellungen weitergeben zu können. Meist werden die Belastungen und Entbehrungen, die der neue Lebensabschnitt mit sich bringt, aufgewogen durch das Glück, die Entwicklung eines Menschen begleiten und unterstützen zu können. Realität ist jedoch auch, dass bei jungen Familien im ersten Lebensjahr des Kindes nicht nur eitel Sonnenschein herrscht.

EINE EXTRAPORTION VERANTWORTUNG

Die überwiegende Mehrheit der Paare, Mütter wie Väter, empfindet das erste Jahr mit Kind als anstrengend und belastend. Kein Wunder – ist doch nichts mehr so wie früher. Wie sich ein Baby entwickelt, ist kaum vorhersehbar. So mischen sich bei vielen Eltern nach der Geburt Gefühle von Unsicherheit und Überforderung ins Glück.

Gerade im ersten Lebensjahr entwickelt sich Ihr Kind in rasanten Schritten, sodass sich erst mal wenig Routine einstellt. Damit gehört die erste Zeit mit Kind oft zu den anstrengendsten im ganzen Leben – für alle Beteiligten.

In den ersten Monaten werden Sie vermutlich …

- viele durchwachte Nächte erleben.
- sich häufig von der neuen Situation überfordert fühlen.
- Ihr von Bauchschmerzen gequältes Kind nachts auf dem Arm durch die Wohnung tragen.
- dunkle Ringe um die Augen haben.
- befürchten, Ihr Kind zu grob anzufassen.
- Angst haben, dass es nachts plötzlich aufhört zu atmen.
- sich mehrmals täglich umziehen, weil Ihr Kind gespuckt hat, und zwar gerade dann, wenn Sie spät dran sind.
- vergessen, wann Sie das letzte Mal gemeinsam Sex hatten.
- sich nicht mehr erinnern, wann Sie zuletzt im Kino waren oder sich mit Ihren Freunden getroffen haben.
- vermutlich auch davon träumen, mal ganz allein und entspannt an einem sonnigen Strand zu liegen …

ENTBEHRUNGEN

Die Liste der Entbehrungen, denen werdende Väter und Mütter entgegensehen, ließe sich erweitern – und vielleicht sieht Ihre Liste ja auch ganz anders aus. Sie werden in jedem Fall Ihre ganz persönlichen Erfahrungen machen.

Uns ist wichtig, Sie darauf vorzubereiten, dass eine mehr oder weniger ausgeprägte Durststrecke vor Ihnen liegt. Denn sonst tut das vielleicht niemand. Im Geburtsvorbereitungskurs, beim Arzt oder im Freundeskreis wird darüber in der Regel kaum gesprochen. Meist heißt es: »Die erste Zeit mit Kind, die ist ganz wunderbar! Ihr könnt euch immer an eurem Baby freuen! Das Glück einer jungen Familie ist das Schönste, was es geben kann!« und so weiter. Machen Sie die Gegenprobe. Fragen Sie

Väter oder Elternpaare, die das erste Jahr hinter sich haben. Viele werden Ihnen auch andere Geschichten erzählen.

Kurz: Wahrscheinlich werden Sie Ihre neue Rolle und Verantwortung als Vater nicht missen wollen. Aber – sie bringt auch Entbehrungen und neue Herausforderungen mit sich. Anders gesagt: Ihre Bedürfnisse als Partner und Person werden vermutlich eine Weile zu kurz kommen.

Viele Väter und Mütter berichten, dass sie nach einem Jahr »aus dem Gröbsten raus« sind. Die meisten Babys sind abgestillt, wenn sie ein Jahr alt werden. Viele (nicht alle!) Kinder schlafen durch – oder wachen nur noch einmal pro Nacht auf. Für viele Eltern bedeutet das lang ersehnte Erholung!

VOM LIEBESPAAR ZUM ELTERNPAAR

Wenn Paare Eltern werden, steht ihre Paarbeziehung für eine Weile in der Bedürfniskette hintenan. Damit Sie auch im Familienalltag Ihre Partnerschaft nicht aus dem Blick verlieren, haben wir ab Seite 166 Tipps für Sie zusammengestellt. Denn Kinder wünschen sich nicht nur die Liebe ihrer Eltern, sondern auch, dass diese als Paar glücklich sind und bleiben.

In den ersten Jahren mit Kind werden Sie und Ihre Partnerin mit großer Wahrscheinlichkeit …

- deutlich weniger Zeit füreinander haben.
- häufig sehr erschöpft sein, wenn Sie doch einmal Zeit haben.
- fast nur noch über Ihr Kind reden.
- deutlich weniger Sex miteinander haben.
- lernen, mit veränderten sexuellen Bedürfnissen umzugehen.
- in Ihrer seltenen Zweisamkeit häufig gestört werden.

VERÄNDERUNG DER GENERATIONENFOLGE

Aus Söhnen werden Väter und aus Töchtern Mütter; aus Vätern werden Großväter und aus Müttern Großmütter. Es verändert sich einiges, wenn Sie selbst nicht mehr »nur« Kind sind.

Sie rücken in der Generationenfolge einen Platz auf. Sie werden älter, reifer, verantwortlicher und machen sich wahrscheinlich ernsthafte Gedanken darüber, wie Sie Ihre Familie absichern können, falls einem von Ihnen etwas zustößt. Mit dem neu entstandenen Leben rückt für Sie selbst und auch für Ihre Eltern das Ende des eigenen Lebens deutlicher ins Bewusstsein – Sie gehören nicht mehr zu den Jüngsten.

»Ein Kind bewegt das Oberste zuunterst – und rückt gleichzeitig alle Dinge an ihren richtigen Platz.«

ALAIN DELON | FRANZÖSISCHER FILMSCHAUSPIELER

DIE BEZIEHUNG ZU DEN EIGENEN ELTERN

Wenn Sie Vater werden, ist das eine gute Gelegenheit, Ihre Eltern in einem neuen Licht zu sehen. Waren Sie als Kind manchmal genervt von den Sorgen, die sich Ihre Eltern gemacht haben? Viele Menschen, die Eltern werden, können ihre eigenen Eltern nun viel besser verstehen. Sich Sorgen zu machen gehört zum Elternsein dazu, auch wenn die Kinder das oft lästig finden. Wenn es Ihnen ähnlich geht – Ihre eigenen Eltern freuen sich sicher zu hören, dass Sie sie heute verstehen können!

FREUNDSCHAFTEN GEHEN UND ENTSTEHEN

Viele Eltern erleben, dass sich ihr Freundeskreis mit der Geburt des Kindes verändert. Sie sind jetzt zeitlich weniger flexibel und brauchen für jeden Kneipen- oder Kinobesuch jemanden, der auf das Kind aufpasst. Ihre Interessen haben sich wahrscheinlich schon in der Schwangerschaft verändert und oft findet man mit kinderlosen Freunden kaum noch Gemeinsamkeiten.

Auf der anderen Seite knüpfen viele junge Eltern über die Kinder neue Kontakte. So entstehen in Geburtsvorbereitungskursen und Eltern-Kind-Gruppen oder auch ganz einfach in der Nachbarschaft oder auf dem Spielplatz neue Freundschaften zu Gleichgesinnten. Viele Alltagsprobleme werden entschärft, wenn Sie erkennen, dass es anderen ähnlich ergeht. Wie Sie sich als Vater aktiv am Aufbau dieser wichtigen neuen Kontakte beteiligen können, erfahren Sie ab Seite 164.

VORSICHT VOR »RETRADITIONALISIERUNGSFALLEN«

Bei den meisten kinderlosen Paaren sind beide berufstätig und kümmern sich gemeinsam um den Haushalt. Mit der Geburt des ersten Kindes kippt dieses Verhältnis fast immer: Die frischgebackene Mutter bleibt zu Hause und nimmt häufig den »Löwinnenanteil« der Elternzeit in Anspruch. Die Berufspause des einen Elternteils vergrößert die finanzielle Verantwortung des anderen – und das ist auch heute noch in der Regel der Vater. Die meisten Elternpaare wünschen sich dieses berufliche, familiäre und finanzielle Ungleichgewicht nicht. Sie geraten quasi hinein. Der Vater ist unversehens Alleinverdiener und Ernährer, die Frau plötzlich Hausfrau und Mutter ...

Soziologen nennen dieses Phänomen »Retraditionalisierungsfalle«: Die meisten jungen Paare wünschen sich heute eine gleichberechtigte Beziehung – Verantwortung für Einkommen und Familie sollen fair geteilt werden. Wenn ein Kind da ist, entscheiden sich viele Paare pragmatisch für eine eher unausgewogene Aufgabenverteilung. Jedoch erweist es sich nach ein, zwei oder mehr Jahren für die Frau oft als schwierig, wieder in den Job zurückzukehren. Männer befürchten zudem, beruflich ins Hintertreffen zu geraten, wenn sie ihre Arbeitszeit zugunsten der Familie reduzieren. So fällt es vielen schwer, die einmal getroffene Aufgabenverteilung wieder zu verändern. Eine als vorübergehend geplante Anpassung an traditionelle Rollenmuster hat sich auf diese Weise verselbstständigt. Einmal in diese »Falle« geraten, vergrößern sich Einkommensunterschiede und es wird schwerer, die Verteilung von Erwerbs- und Familienverantwortung anders aufzuteilen.

Dabei sinkt die Zufriedenheit von Eltern mit ihrem Leben und ihrer Liebe dramatisch, wenn sie mit der Aufgabenverteilung nicht (mehr) einverstanden sind. Ab Seite 216 helfen wir Ihnen, Ihre persönliche Balance zwischen Familie, Beruf und Freizeit zu finden und flexibel auszubalancieren.

»Alle Kinder lächeln über die Ansichten ihrer Eltern. Bis sie selbst Eltern geworden sind.«

LISELOTTE PULVER | SCHWEIZER SCHAUSPIELERIN

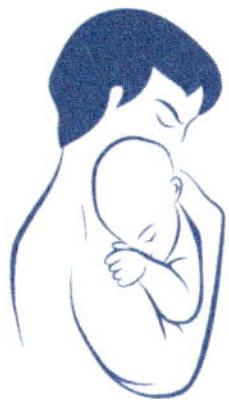

ERFAHRUNGSBERICHTE

Frank, 35, zwei Kinder

Nach der Geburt meiner Tochter hätte ich mir die Erwerbs- und Familienarbeit gerne mit meiner Frau geteilt, nichts lieber als das! Leider waren wir zum Zeitpunkt der Geburt beide im Übergang vom Studium in den Beruf. Ich hatte bereits einen Job, sie aber noch nicht. So war es für uns finanziell nicht drin, meine volle Stelle zu reduzieren – auch die damals 300 Euro Erziehungsgeld nützten uns da relativ wenig. Heute beneide ich frischgebackene Väter richtig um das Elterngeld. Auch wenn ich bei Freunden erfahre, dass Arbeitgeber immer noch nicht begeistert sind, wenn Väter in Elternzeit gehen, erscheint mir das heute doch deutlich akzeptierter zu sein als noch im Jahr 2002, in dem ich Vater geworden bin.

Stefan, 40, ein Sohn (4 Jahre)

Wir sind in eine Situation reingestolpert, mit der wir beide, meine Frau und ich, unzufrieden sind. Wir sind beide Ärzte und arbeiten gern in unserem Beruf. Nun war ich einen Karriereschritt weiter als meine Frau, als sie schwanger war. Deshalb blieb sie nach der Geburt ein Jahr ganz zu Hause. Ich arbeitete voll weiter. Anja verlängerte ihre Elternzeit um ein weiteres Jahr. Als sie nach zwei Jahren in den Beruf zurückging, grenzte das, was sie von Chefs und Kollegen zu hören bekam, an Mobbing. Hätte ich das geahnt, hätten wir die Elternzeit ausgewogener verteilt. Beim nächsten Kind würde ich mehr Elterngeldmonate beanspruchen und im Beruf reduzieren, damit wir beide am Ball bleiben können.

MIT IHREM KIND ZU HAUSE – VÄTER UND DAS WOCHENBETT

Das frühe Wochenbett, das die ersten 10 bis 14 Tage nach der Geburt umfasst, dient der Erholung von Mutter und Kind sowie der Rückbildung der Gebärmutter und sonstiger Begleiterscheinungen der Schwangerschaft. Insgesamt dauert Letzteres sechs bis acht Wochen. Wochen-»Bett« heißt nicht, dass diese Zeit nur im Bett verbracht werden darf. Sie ist auch eine Phase der Neuorientierung.

Über das frühe Wochenbett hinaus kann diese Neuorientierung einige Monate dauern. Ihr Kind hat rund 40 Wochen gebraucht, um bis zur Geburt heranzureifen – ungefähr so lang dauert auch die Neufindung als Familie. Nutzen Sie diese Zeit für den Beziehungsaufbau mit Ihrem Baby, um Ihr Kind richtig gut kennenzulernen und um sich in all den Veränderungen als Paar neu zu finden.

Das frühe Wochenbett

Mutter und Kind sind von Anfang an sehr eng verbunden. Ihr Kind ist in Ihrer Partnerin gewachsen, sie hat es geboren und kann es mit ihrer Milch ernähren. Gerade wenn Ihre Partnerin und Ihr Kind nach der Geburt mehrere Tage im Krankenhaus geblieben sind und Sie nicht immer bei ihnen sein konnten, dann sind die ersten Tage mit Ihrem Kind zu Hause umso wichtiger für Sie. Sie können nun einiges nachholen! Es ist Zeit, sich den Übergang von einer Zweier- zu einer Dreierbeziehung deutlich zu machen (siehe auch ab Seite 168).

Planen Sie rechtzeitig Ihre Elternzeit. Nehmen Sie sich von Anfang an so viel Zeit wie möglich mit Ihrem Kind und mit Ihrer Partnerin. Auch wenn das angesichts der vielen Aufgaben, die jetzt auf Sie zukommen, oft nicht einfach erscheint. Schaffen Sie sich immer wieder Zeitnischen. Gehen Sie mit Ihrem Kind spazieren. Wickeln Sie Ihr Kind, baden Sie es. Tragen Sie es auf Ihrem Arm durch Ihre Wohnung. Genießen Sie so oft wie möglich Körperkontakt mit Ihrem Kind. Legen Sie es sich zum Beispiel auf Ihren nackten Oberkörper oder genießen Sie gemeinsam ruhige Momente zu dritt.

AKTIVER VATER VON ANFANG AN!

Diese Vorschläge mögen wie Selbstverständlichkeiten klingen. Der Alltag vieler frischgebackener Elternpaare zeigt jedoch: Viele Väter neigen dazu, in der Wochenbettphase über der praktischen Unterstützung den innigen Kontakt zum neugeborenen Kind zu »vergessen«. Der Verzicht auf eine eigene Beziehungspflege zum Kind birgt die Gefahr, dauerhaft in eine »Assistentenrolle« zu geraten. In dieser Hilfsarbeiterrolle fühlen sich Väter leicht zurückgesetzt und werden unzufrieden, wenn sie das Gefühl haben, überwiegend »Anweisungen« ihrer Partnerin entgegenzunehmen und nicht aus eigener Initiative zu handeln. Mancher Vater sieht sich eher als Partner einer Frau mit Kind, für das er sich verantwortlich fühlt, zu dem er aber (noch) keine intensive Beziehung aufbauen konnte. Eine Situation, die sich negativ auf die Partnerschaft auswirken kann. Eine sehr starke Mutter Kind- und eine schwache Vater-Kind-Bindung lässt bei Vätern leicht Neid und Eifersucht entstehen (siehe Seite 132).

Um das zu vermeiden, fragen Sie sich gelegentlich, welchen Platz Ihre Partnerin und Ihr Kind innerhalb der Familie einnehmen, wo Sie selbst stehen und wo Sie stehen wollen. Führen Sie mit Ihrer Partnerin einen Dialog darüber, wie Sie beide wahrnehmen, was jetzt alles passiert. Reden Sie darüber, was Ihnen auffällt – am Kind, an dem, was Sie tun, an dem, was Ihre Partnerin tut. Häufig sind Paare – Mutter und Vater – überrascht darüber, wie unterschiedlich sie die stattfindenden Veränderungen in der Familie interpretieren. Das kann für beide bereichernd sein, nach dem Motto »Ach so siehst du das. Das hätte ich nicht gedacht …«. Wenn Sie sich immer wieder Zeit dafür nehmen, einander zu erzählen, wie es Ihnen mit den Veränderungen in Ihrem Leben geht, verstehen Sie einander besser und fühlen sich besser verstanden.

VORBEREITUNGEN UND AUFGABEN FÜR SIE

In den ersten Tagen nach einer ambulanten Geburt in Klinik oder Geburtshaus oder nach einer Hausgeburt sind Sie als Vater und Partner besonders gefordert. In der ersten Zeit nach der Geburt ist Ihre Partnerin noch geschwächt. Sie braucht Ihre Zuwendung, Pflege und tatkräftige Unterstützung. Ihre Aufgaben als »Wochenbettmanager« können ungefähr so aussehen:

- Legen Sie einen Matratzenschutz auf, der Blutungen auffängt.
- Wechseln und waschen Sie möglichst oft die Bettwäsche.
- Begleiten Sie Ihre Partnerin bei den ersten Toilettengängen.
- Tragen Sie dazu bei, dass die frischgebackene Mutter ansonsten im Bett bleiben und sich ausruhen kann.
- Beschäftigen Sie sich mit Ihrem Baby. Machen Sie mit ihm erste kleine Unternehmungen, eine kleine Ausfahrt mit dem

Kinderwagen oder einen Spaziergang mit Baby im Tragetuch. Das stärkt die Vater-Kind-Bindung und Ihre Partnerin kann sich eine erholsame Pause gönnen.

BETREUUNG DURCH EINE HEBAMME

Nutzen Sie Hebammenhilfe! Ihre Partnerin hat Anspruch auf Geburtsvor- und -nachsorge durch eine Hebamme. Bemühen Sie sich bereits um eine Nachsorgehebamme, sobald Sie wissen, dass Sie ein Kind erwarten. Die Kosten dafür übernimmt die Krankenversicherung bis acht Wochen nach der Geburt, bei Bedarf auch länger.

Die Hebamme kommt zu Ihnen nach Hause. Sie kümmert sich um die Geburtsfolgen und kontrolliert die Rückbildung der Gebärmutter Ihrer Partnerin. Sie sieht auch immer wieder nach dem Baby. Bei Fragen zum Stillen steht sie mit Rat und Tat zur Seite. Sie kann Sie im Baden, Wickeln und Tragen anleiten und gibt Ihnen viele weitere Tipps und Hilfen. Eine gute Hebamme hat meist durch ihre langjährige Erfahrung auch noch ein offenes Ohr für persönliche Fragen oder Unsicherheiten, die in den ersten Tagen zu Hause mit Baby auftauchen können.

Sehr hilfreich ist, wenn Sie die Hebamme bereits kennen. Bemühen Sie sich rechtzeitig, am besten schon im ersten Drittel der Schwangerschaft, um eine Hebamme, die die Wochenbettbetreuung übernimmt. Vereinbaren Sie mit ihr einen Termin, um sich bereits vorher kennenzulernen. Achten Sie neben der fachlichen Qualifikation rund ums Wochenbett auch darauf, ob Sie als Vater sich bei ihr aufgehoben fühlen, denn auch wenn die Betreuung von Mutter und Kind im Vordergrund steht: Eine gute Hebamme sollte immer auch den Vater und die psychische Entwicklung der Familie im Blick haben!

DAS MÜSSEN SIE NACH DER GEBURT ERLEDIGEN

Leider ist es in den ersten Tagen nach der Geburt nicht allein damit getan, gut für Mutter, Kind und sich selbst zu sorgen. In der ersten Zeit nach der Geburt wartet noch eine Reihe weiterer Aufgaben und Formalitäten auf Sie und Ihre Partnerin, die Sie teils schon vor der Geburt angehen können, um später nicht in zu großen Stress zu geraten.

- **Die Vorsorgeuntersuchung U2 organisieren.** Diese Untersuchung ist sehr wichtig. Ihr Kind wird am dritten bis elften Lebenstag von Kopf bis Fuß von einem Kinderarzt untersucht. Bei einem stationären Aufenthalt nach einer Klinikgeburt wird die U2 meist noch vor der Entalssung vorgenommen, Sie müssen also zur Vorbereitung nichts weiter tun und lediglich den vereinbarten Termin wahrnehmen. Nach einer ambulanten Geburt oder Hausgeburt müssen Sie sich selbst darum kümmern. Fragen Sie Ihre Kinderärztin, ob sie zur U2 zu Ihnen nach Hause kommen kann.
- **Ihr Kind beim Standesamt anmelden**. Nach einer Geburt in der Klinik wird die Anmeldung meist von dort aus erledigt. Nach einer außerklinischen Geburt müssen Sie selbst innerhalb einer Woche zur Meldebehörde gehen. Wird Ihr Kind nicht an Ihrem Wohnort geboren, müssen Sie es zudem beim Einwohneramt ummelden.
- **Ihr Kind bei der Krankenversicherung anmelden**. Erfragen Sie bei Ihrer Krankenversicherung, bis wann Sie Ihr Kind im Rahmen der Familienversicherung anmelden müssen.

- **Vaterschaft und gemeinsames Sorgerecht.** Wenn Sie diese Angelegenheit nicht schon vor der Geburt erledigt haben, wird es jetzt Zeit dafür: Wenn Sie mit Ihrer Partnerin nicht verheiratet sind, können Sie beim Jugendamt oder Ihrer Gemeinde schon vor der Geburt zusammen die Vaterschaft anerkennen. Auch die gemeinsame elterliche Sorge für Ihr Kind können Sie bereits vor der Geburt beim zuständigen Jugendamt erklären. Lehnt die Mutter dies ab, können Sie das gemeinsame Sorgerecht nach der Geburt beim Jugendamt beantragen. Legt die Mutter innerhalb einer vom Gericht festgelegten Frist Widerspruch ein, entscheidet das Familiengericht im Sinne des Kindeswohls (siehe ab Seite 194).
- **Mutterschaftsgeld beantragen** (siehe Seite 118).
- **Kindergeld beantragen** (siehe Seite 118).
- **Elterngeld beantragen.** Dafür wenden Sie sich an Ihre zuständige Elterngeldstelle. Besorgen Sie sich den recht umfangreichen Antrag möglichst schon vor der Geburt, das erspart Ihnen viel Stress (siehe ab Seite 226).

Wege durch den Antragsdschungel

BUNDESSTIFTUNG »MUTTER UND KIND«

Einmalige Beihilfe für Schwangerschaftskleidung, Babyerstausstattung und so weiter, die abhängig vom (niedrigen) Einkommen beantragt werden kann. Die Zahlung darf nicht auf andere Sozialleistungen angerechnet werden und muss während der Schwangerschaft beantragt werden. Es besteht kein Rechtsanspruch auf Vergabe der Gelder. Weitere Infos unter www.bundesstiftung-mutter-und-kind.de.

MUTTERSCHAFTSGELD UND ARBEITGEBERZUSCHUSS

Angestellte, selbst gesetzlich krankenversicherte Frauen, haben in der Mutterschutzfrist (sechs Wochen vor und acht Wochen nach der Geburt, bei Frühgeburten und Mehrlingen bis zu zwölf Wochen) Anspruch auf Mutterschaftsgeld. Gesetzliche Krankenkassen zahlen maximal 13 € pro Tag, der Arbeitgeber stockt dann bis zum vorherigen Nettoverdienst auf. Es besteht ein Rechtsanspruch auf Mutterschaftsgeld.

Für die Beantragung stellen Ärztin oder Hebamme eine Bescheinigung über den voraussichtlichen Geburtstermin aus, die bei Krankenkasse und Arbeitgeber einzureichen ist. Nach der Geburt müssen Sie Krankenkasse und Arbeitgeber die Geburtsurkunde vorlegen. Danach erfolgt die weitere Zahlung.

Die Regelungen für familien-, privat oder freiwillig gesetzlich versicherte (werdende) Mütter sind auf den Internetseiten beziehungsweise in den Broschüren des Bundesfamilienministeriums (www.bmfsfj.de) und des Bundesversicherungsamts (www.mutterschaftsgeld.de) umfassend erklärt.

ELTERNZEIT, ELTERNGELD UND CO.

Einen Überblick über die Leistungen und Regelungen des Bundeselterngeld- und -elternzeitgesetzes geben wir ab Seite 226.

KINDERGELD

Kindergeld wird bis zum vollendeten 18. Lebensjahr des Kindes und in Ausbildung oder Studium gegebenenfalls vom 19. bis 25. Lebensjahr auf Antrag gezahlt. Es besteht ein Rechtsanspruch auf Kindergeld. Die Höhe des Kindergelds beträgt unabhängig vom Einkommen seit März 2025 255€ für jedes Kind.

Kindergeld wird bei den Familienkassen der Agentur für Arbeit (www.arbeitsagentur.de/familie-und-kinder) oder bei Beschäftigten im öffentlichen Dienst beim Arbeitgeber nach der Geburt, spätestens drei Monate rückwirkend, beantragt.

BÜRGER*INNENGELD

(Werdende) Eltern, die über kein eigenes Einkommen verfügen oder Anspruch auf andere Sozialleistungen haben, haben einen eigenen Anspruch auf soziale Grundsicherung – auch wenn sie noch nicht 25 Jahre alt sind. Bereits in der Schwangerschaft gelten sie als eigene »Bedarfsgemeinschaft«, unabhängig von den Eltern, auch wenn sie bei diesen wohnen sollten. Die Zuständigkeit für die Beantragung von Bürger*innengeld liegt beim örtlichen Jobcenter.

Ab der 13. Schwangerschaftswoche erhöht sich der Anspruch der Schwangeren um einen Mehrbedarf von 17 Prozent. Zusätzlich können auf Antrag Pauschalen für Schwangerschaftsbekleidung, Babyerstausstattung und Gegenstände wie Kinderwagen, Kinderbett mit Matratze und ähnliches gezahlt werden. Eventuelle Zahlungen der Bundesstiftung Mutter und Kind sind hier anrechnungsfrei. Abhängig vom Einkommen der im Haushalt lebenden Personen besteht ein Rechtsanspruch auf Bürger*innengeld.

SCHWANGER IN AUSBILDUNG UND STUDIUM

Auch schwangere Studierende und Auszubildende, die keinen Anspruch auf ALG II haben, haben Anspruch auf die Zahlung des Mehrbedarfs und der oben genannten Pauschalen. Weitere Hinweise für schwangere Auszubildende und Studierende bietet die Bundeszentrale für gesundheitliche Aufklärung (BZgA) unter www.familienplanung.de (Stichwortsuche schwanger in Ausbildung und Studium)

WOHNGELD

Menschen mit geringem Einkommen (über Bürger*innengeld-Niveau) können bei den Wohngeldstellen der Stadt oder des Landkreises einen Zuschuss zu ihren Wohnkosten (bei Wohneigentum zu den Nebenkosten) beantragen. Die Höhe ist abhängig vom Einkommen, der Miete oder den Nebenkosten und der Anzahl der im Haushalt lebenden Personen. Wohngeld wird wie Bürger*innengeld erst ab Antragstellung gezahlt. Der Antrag muss alle 12 Monate neu gestellt werden. Es besteht ein Rechtsanspruch.

KINDERZUSCHLAG ZUM KINDERGELD

Der Kinderzuschlag kann bei der Familienkasse der Agentur für Arbeit von Eltern beantragt werden, die mit ihrem Einkommen zwar den eigenen Bedarf decken können, nicht aber den ihrer Kinder. Weitere Informationen unter www.arbeitsagentur.de/familie-und-kinder.

Lassen Sie sich unterstützen!

Sie und Ihre Partnerin haben ab jetzt eine Fülle von Aufgaben zu bewältigen. Das kann ziemlich belastend sein. Sie haben aber auch das Recht, die angenehmen Seiten des Elternseins zu genießen. Tun Sie das! Bereiten Sie die Ämtergänge und Beantragungen möglichst schon in der Schwangerschaft vor. Lassen Sie sich dabei gegebenenfalls von Beratungsstellen wie pro familia helfen. Und: Kümmern Sie sich darum, dass andere Sie entlasten. Sie werden erstaunt sein, wie hilfsbereit Ihr Umfeld ist!

CHECKLISTE

Entlastungsmöglichkeiten nach der Geburt

- Bitten Sie Freunde, die zu Besuch kommen, Ihnen beim Aufräumen zu helfen oder ein Abendessen für alle zu kochen.
- Lassen Sie sich statt Plüschtieren und teurer Babykleidung Gutscheine schenken, etwa für »dreimal Fensterputzen« oder »dreimal Babysitten«.
- Sprechen Sie die freudige Nachricht über die Geburt und das Wichtigste über Ihr Baby (Vorname, Größe, Gewicht) auf Ihren Anrufbeantworter.
- Wenn Ihre Partnerin stillt, kann sie gelegentlich Milch abpumpen und Sie füttern Ihr Kind. So haben Sie exklusive Papa-Stunden und Ihre Partnerin Zeit für sich (und später die Möglichkeit, für ein paar Stunden ohne Kind das Haus zu verlassen).
- Machen Sie Ihre Eltern, Schwiegereltern und Freunde mit Ihrem Baby vertraut. Bitten Sie sie, es hin und wieder zu beaufsichtigen – Großeltern sind hier manchmal kaum zu bändigen.
- Sprechen Sie regelmäßig Ihre Zeitverteilung mit Ihrer Partnerin ab. Halten Sie abgesprochene Zeiten ein. Rufen Sie an, wenn sich etwas ändert. So vermeiden Sie Unzufriedenheit.
- Hängen Sie gemeinsame Arbeitspläne am Küchenschrank auf, die regeln, wer wann was erledigt.
- Informieren Sie sich über Tageseltern, Babysitter und Au-pairs.
- Engagieren Sie eine Putz- und/oder Haushaltshilfe.
- Sprechen Sie sich mit Freunden und Freundinnen mit Kind ab, ob das Aufpassen auf zwei Kinder im Wechsel möglich ist.
- Treffen Sie sich mit anderen Vätern und deren Kindern zu gemeinsamen Unternehmungen.
- Kaufen Sie für die ersten Tage mit Kind auf Vorrat ein (Tiefkühlkost, haltbares Obst und Gemüse) oder gönnen Sie sich hin und wieder einen Lieferservice oder eine Gemüsekiste, die ins Haus geliefert wird.

VATER, MUTTER, KIND – EIN STARKES TEAM

Nutzen Sie die erste Zeit zu Hause mit Ihrem Kind, um sich zu beschnuppern und sich aneinander zu gewöhnen. Hat Ihre Partnerin die ersten Tage mit Baby in der Klinik verbracht, können Sie diesen »Vorsprung« jetzt aufholen. Daraus soll natürlich kein Wettbewerb werden. Im Kontakt zum Kind geht es nicht um besser oder schlechter, sondern darum, dass Sie beide einen guten und intensiven Kontakt zu Ihrem Kind haben!

Die meisten Mütter fühlen sich durch die lange Zeit der Schwangerschaft sehr eng mit ihrem Kind verbunden. Manchmal fällt es ihnen schwer, ihr Baby loszulassen. Dabei können Sie als Vater auch gut für Ihr Kind sorgen und dabei einen eigenen Stil entwickeln. Wenn anfangs die Windel nicht so perfekt sitzt, dann macht das gar nichts!

Sie können sich die Beziehungen in Ihrer Familie wie ein Dreieck vorstellen, in dem alle Beteiligten jeweils einzeln und gemeinsam aufeinander bezogen sind. In diesem Dreieck ist es sinnvoll und wichtig, alle Beziehungsebenen zu pflegen, auf- und auszubauen: Ihre Beziehung als Liebespaar, als Elternpaar, die Mutter-Kind- und natürlich die Vater-Kind-Beziehung.

Wenn es um den Auf- und Ausbau Ihrer Beziehung zu Ihrem Kind geht, kann es hilfreich sein, wenn Sie von Ihrer Partnerin Unterstützung erhalten. Natürlich muss sie Ihnen nicht haarklein erklären, welchen Handgriff Sie wie machen sollen. Es geht nicht darum, alles genau wie sie oder gar besser zu machen. Vielmehr geht es für Sie darum, Ihre neuen Aufgaben anzunehmen und auszufüllen. Für Ihre Partnerin geht es darum, sich nicht allein für Ihr gemeinsames Kind verantwortlich zu fühlen. Hilfreich ist es, wenn sie Ihnen Raum und Zeit lässt, Ihren eigenen Weg im Umgang mit Ihrem Kind zu entwickeln. Wenn Sie Hilfe und Tipps brauchen, können Sie bei ihr nachfragen – und ansonsten kommen Väter und ihre Babys auch gut ohne unaufgeforderte Ratschläge zurecht.

Wenn Ihre Partnerin sich damit schwertut, Sie und Ihr Kind auch mal ein paar Stunden allein zu lassen, erinnern Sie sie daran, was sie selbst davon hat, eine Weile ohne Kind zu sein, und vor allem, wie wichtig es für die Entwicklung der guten Beziehung zwischen Kind und Vater ist, dass Sie beide immer wieder auch nur aufeinander bezogen sind. Vielleicht tut es Ihnen gut, wenn Ihre Partnerin zunächst in der Nähe bleibt, jedoch nur dann selbst aktiv wird, wenn Sie sie darum bitten. So können Sie sich beide an das Annehmen von Aufgaben beziehungsweise das Loslassen von Verantwortung gewöhnen.

Wickeln, Baden, Spielen, Schmusen

Wenn Sie schon vor der Geburt Ihres Kindes lernen wollen, ein Baby zu wickeln, zu baden, hochzuheben, zu tragen und anzuziehen, dann besuchen Sie einen Säuglingspflegekurs. Wenn nicht, üben Sie gemeinsam mit Ihrer Partnerin oder fragen Sie die Nachsorgehebamme.

Sie können auch direkt nach der Geburt die Hebamme bitten, Ihnen zu zeigen, wie Sie Ihr Kind am besten baden, wickeln und anziehen. Sie werden dann bald Ihre ganz eigene Technik und Sicherheit entwickeln und je öfter Sie das tun, desto leichter wird es Ihnen fallen; spielerisch können Sie dann gern weitere Varianten erproben.

Kinder lieben es, bei alltäglichen Dingen »Faxen« zu machen. So kann lästiges Aus- und Anziehen Ihrem Kind viel mehr Spaß machen – und damit auch leichter von der Hand gehen –, wenn Sie es zwischendurch sanft streicheln oder kitzeln, Grimassen schneiden oder ein kleines Stofftier über seinen Bauch tanzen lassen. Es stärkt alle Beteiligten, wenn Sie merken: Ich kann das gut und mein Kind fühlt sich wohl mit mir!

HINTERLASSENSCHAFTEN REDUZIEREN – MÜLLVERMEIDUNG BEGINNT AM BABYPO!

Wegwerfwindeln sind bequem, halten das Kind verlässlich trocken und sind einfach zu handhaben, besonders dann, wenn Sie mit Ihrem Kind unterwegs sind. Aber sie erzeugen leider auch jede Menge Müll! Es gibt verschiedene Konzepte, das Baby »emissionsarm« mit Öko- oder mit Stoffwindeln zu wickeln, die wir Ihnen kurz vorstellen möchten.

Stoffwindeln

- erzeugen weniger Müll
- schonen Ressourcen
- die Nutzung eines Windelservices reduziert Wasser- und Energieverbrauch, die fürs individuelle Waschen und Trocknen anfallen würden
- haben geringere Kosten als Wegwerfwindeln
- verursachen relativ hohe einmalige Anschaffungskosten
- erhöhen Ihren »Wäscheberg« (Verwendung von Waschmitteln, Abwasser, Energieaufwand)
- können je nach Herstellung die Umwelt belasten und schadstoffbelastet sein; Baumwolle aus kontrolliert biologischem Anbau und Wickelservices helfen, Ressourcen zu schonen

- verursachen vor allem am Anfang einen höheren Zeitaufwand beim Wickeln
- nehmen nicht so viel Flüssigkeit auf wie Wegwerfwindeln

Wenn Sie sich Gedanken um die Ökobilanz der 5 000 Wickelvorgänge machen, die ein Kind durchschnittlich braucht, lohnt es sich, Stoffwindeln auszuprobieren. Testen Sie mit Leihwindeln, wie wohl sich Ihr Kind mit den unterschiedlichen Systemen fühlt und wie es die unterschiedlichen Materialien verträgt. Eine gute Kombination von »möglichst wenig Aufwand« und »möglichst viel Ressourcenschonung« könnte darin bestehen, ein Stoffwindelsystem mit dem Windelservice zu verbinden.

»Seit ich herausgefunden habe, wie ich unserer Tochter ohne Geschrei die Haare waschen kann, ist Babybaden mein ›Job‹.«

WALTER, 36 | VATER VON ZWEI KINDERN

EIN BADEFEST FÜR DIE GANZE FAMILIE

Manche Dinge gehen zu dritt einfach besser. Zu diesen Dingen gehört das Baden eines Neugeborenen. Da zu viel Wasser und Seife der empfindlichen Babyhaut schaden, reicht es, wenn Sie Ihr Kind einmal pro Woche baden – dann aber darf es ruhig ein kleines Fest werden. Nehmen Sie sich viel Zeit. Heizen Sie das Badezimmer auf 26 bis 28 °C. Lassen Sie 37 °C warmes Wasser (Badethermometer!) in die Badewanne einlaufen. Als Badezusatz reichen schon ein paar Tropfen Mandel- oder Olivenöl.

Nun setzt sich einer von Ihnen in die Wanne und lässt sich von der anderen Person das Kind reichen. Halten Sie Ihr Kind sicher fest. Genießen Sie den Körperkontakt, das warme Wasser und das sanfte, weiche Gefühl, das warmes Badewasser mit Hautkontakt vermittelt. Beginnen Sie nach einer kleinen Genussphase langsam, Ihr Kind mit einem Waschlappen zu waschen. »Waschen« Sie so auch die Haare, Shampoo brauchen Sie dazu im ersten Lebensjahr meist nicht. Feiern Sie dieses Badefest abends, dann schläft Ihr Kind danach besonders gut.

WICKELN WIE EIN WELTMEISTER

Sicherheit zuerst! Legen Sie sich am Wickeltisch alle Utensilien zurecht, bevor Sie beginnen, damit Sie gar nicht versucht sind, Ihr Baby auch nur eine Sekunde allein liegen zu lassen. Auch wenn es sich bisher noch nicht drehen konnte – plötzlich gelingt es ihm. Selbst wenn Sie sich nur kurz umdrehen, kann es in dem Augenblick herunterfallen! Der häufigste Babyunfall ist der Sturz vom Wickeltisch!

Sie können Ihr Baby auch auf dem Bett oder am Fußboden auf einer Decke wickeln. Lassen Sie keine kleinen (Tubendeckel) oder spitzen Gegenstände (Nagelschere) in Reichweite Ihres Kindes liegen. Es kann sie verschlucken oder sich verletzen.

Sie brauchen: eine saubere Windel (Stoff- oder Wegwerfwindel), einen feuchten, gut ausgedrückten Waschlappen oder Öltücher, Babycreme (beides auf der Basis pflanzlicher Öle) und Ersatzkleidung, falls die Windel nicht alles gehalten hat. Eine Windelcreme benötigen Sie nur, wenn die Babyhaut gerötet ist.

- Knöpfen Sie Strampler und Body auf und schieben Sie beides hoch. Wenn Sie die Windel freigelegt haben, öffnen Sie sie und halten Sie dann mit einer Hand die Füße Ihres Kindes fest, damit es nicht in die Windel tritt.
- Wischen Sie größere Stuhlmengen bereits mit dem oberen Teil der Windel oder des bei Stoffwindeln eingelegten Vliestuchs ab und klappen Sie ihn dann nach innen.
- Heben Sie den Po Ihres Babys an, indem Sie von der Seite unter dem einen Bein hindurch das andere Bein greifen ①.
- Entfernen Sie die Windel. Wichtig: Eine Hand bleibt immer am Kind!
- Reinigen Sie Genitalbereich und Po – immer von vorn nach hinten! So vermeiden Sie, dass Darmbakterien in den Genitalbereich gelangen. Die Speckfalten in den Leisten und die Schamlippen leicht auseinanderziehen und reinigen.
- Lassen Sie die Haut gut abtrocknen und Ihr Kind ein paar Minuten ohne Windel liegen. Das beugt Wundsein und Entzündungen vor – und macht Ihrem Kind viel Spaß. Cremes brauchen Sie nur bei geröteter Haut.
- Heben Sie dann wieder den Po Ihres Babys wie oben beschrieben, legen Sie eine neue Windel unter und befestigen Sie diese mit den dafür vorgesehenen Klebestreifen ②.
- Knöpfen Sie Body und Strampler wieder zu – fertig!

Wickeln Sie ein paarmal ohne Hilfestellung allein und es wird Ihnen schnell ganz leichtfallen. Wenn Sie Stoffwindeln verwenden, lassen Sie sich von Hebamme, erfahrenen Eltern oder Wickelservice-Team anleiten.

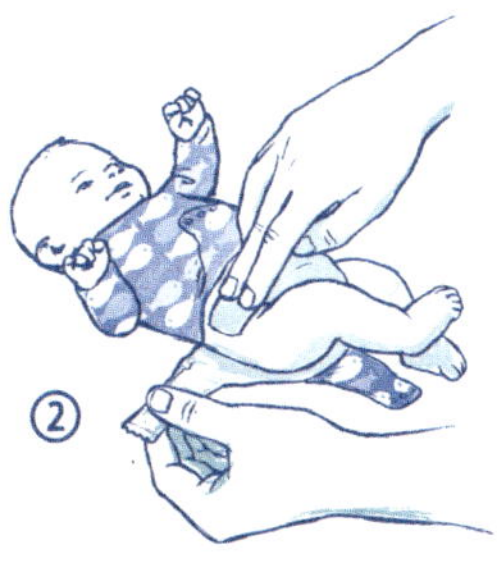

DIE STILLZEIT

Fast alle Mütter können stillen und haben genug Milch, um ihr Kind im ersten Lebensjahr damit zu ernähren. Sie brauchen nur die richtigen Informationen und Unterstützung.

Stillen ist die einzige Aufgabe, die Sie, der Vater, nach der Geburt Ihres Kindes tatsächlich nicht übernehmen können. Zumindest nicht mit Ihrer Brust. Aber Sie können durchaus abgepumpte Muttermilch mit dem Fläschchen geben. Mehr dazu weiter unten. Es gibt zudem viele wichtige Dinge, die Sie tun können, um Ihrer Partnerin und Ihrem Kind das Stillen zu ermöglichen und zu erleichtern.

Nur das Beste für Ihr Kind!

Alle Eltern wollen ihrem Kind das Beste geben. Vertrauen Sie nach Möglichkeit auf die Natur – Muttermilch ist gesund! Aus gesundheitlichen wie auch aus ökonomischen Gründen spricht vieles dafür, Kinder möglichst lange zu stillen und Beikost möglichst nicht vor dem 5. bis 6. Monat einzuführen (siehe auch Interview mit Prof. Dr. Abou-Dakn, ab Seite 80). Gestillte Kinder sind statistisch gesehen insgesamt gesünder als nicht gestillte. Sie bekommen im Lebensverlauf seltener Allergien und sie haben stärkere Abwehrkräfte. Zudem erleiden sie seltener den sogenannten plötzlichen Kindstod (siehe Seite 144).

Die Nachfrage regelt das Angebot: Wenn ein Baby viel saugt, wird viel Milch gebildet – saugt es wenig, reduziert sich die Milchmenge. Wenn Mutter und Kind genug Ruhe und Zeit zum Stillen haben, reguliert sich dieses System wie von selbst.

Ein Zufüttern mit anderen Flüssigkeiten ist meist unnötig und kann das Ganze leicht aus dem Gleichgewicht bringen: Denn wenn das Baby andere Nahrung erhält, saugt es weniger an der Brust. In der Folge wird weniger Milch produziert und die Mutter bekommt das Gefühl, ihr Kind nicht ausreichend ernähren zu können, was wiederum die Milchproduktion und den Milchfluss behindern kann.

Muttermilch hat immer genau die Nährstoffzusammensetzung, die Ihrem Kind am besten bekommt. Das Angebot an Nähr- und Abwehrstoffen, die Ihre Partnerin über ihre Milch an Ihr Kind weitergibt, verändert sich mit dem Alter des Kindes und passt sich so seinen Bedürfnissen optimal an. Zudem hat die Milch immer die richtige Temperatur, sie ist frisch und keimfrei. So steht Ihrem Kind seine ideale und ganz individuelle Nahrung zur Verfügung. Außerdem ist die Muttermilch auch noch weich und warm »verpackt«.

Die Weltgesundheitsorganisation (WHO) empfiehlt, Säuglinge mindestens sechs Monate ausschließlich zu stillen und im Anschluss daran noch ein Jahr lang, während das Kind sich an feste Kost gewöhnt.

Stillende Mütter

Das Stillen bringt Mutter und Kind meist in eine sehr enge Verbindung und viele Frauen sind stolz darauf, ihr Kind vollständig selbst ernähren zu können. Insofern ist das Stillen für viele Mütter eine bedeutsame Fähigkeit und eine starke Erfahrung.

Aber die Stillzeit ist auch eine Phase gewaltiger Umstellungen. Es ist für den Körper anstrengend, Milch zu produzieren. Gerade zu Anfang kann es manchmal beschwerlich und auch schmerzhaft sein, bis sich die Brustwarzen an die Beanspruchung gewöhnt haben. Hinzu kommt, dass Babys in den ersten Monaten auch nachts gestillt werden müssen, sodass der Nachtschlaf regelmäßig unterbrochen wird und viele Mütter sich tagsüber unausgeschlafen und müde fühlen.

Die Auswirkungen von Schlafentzug und des Hormons Prolaktin, das beim Stillen gebildet wird, beschreiben viele Mütter so, dass sie sich oft nicht richtig konzentrieren und Gesprächen nur angestrengt folgen können. Sie fühlen sich matt und sind vergesslich. Manche Mütter bezeichnen diesen Zustand scherzhaft als »Stilldemenz«. Prolaktin kann dazu beitragen, dass stillende Mütter besonders empfindsam und »nah am Wasser gebaut« sind. Seien Sie darauf vorbereitet und verständnisvoll!

Ein Baby zu füttern erfordert Geduld: Egal ob Ihre Partnerin stillt oder Sie beide Ihr Kind mit der Flasche füttern – es kann leicht bis zu 45 Minuten dauern, bis Ihr Kind satt ist. Bei fünf bis sieben Mahlzeiten pro Tag kommen da einige Stunden zusammen, sodass kaum mehr Zeit für anderes bleibt. Einige Mütter fühlen sich durch das Stillen sehr stark an ihr Kind gebunden. Sie glauben, nichts mehr ohne ihr Baby unternehmen zu können. Hier sind Sie als engagierter Vater gefragt. Übernehmen Sie wenn möglich die Kinderbetreuung in den Stillpausen. Sie können Ihrem Kind auch abgepumpte Muttermilch aus einer Flasche geben und so eine Stillmahlzeit überbrücken. Viele Väter berichten von sehr guten Erfahrungen mit dieser Methode. Sie bietet beiden Eltern größere Unabhängigkeit und ermöglicht dem Vater die Erfahrung, dass auch er sein Baby sättigen kann.

Die Stillzeit endet erst dann, wenn eine Mutter tatsächlich nicht mehr stillt – das kann bereits nach etwa sechs Monaten der Fall sein, aber auch in Ergänzung zur festen Kost ein Jahr und länger dauern. Hilfe bei Stillproblemen, bei Fragen zum Stillen und zum Abpumpen erhalten Ihre Partnerin und Sie von Hebammen, Still- und Laktationsberaterinnen (www.bdl-stillen.de). Die Kosten hierfür übernimmt bis zum Ende der Stillzeit in der Regel die Krankenversicherung.

STILLFRUST GEMEINSAM ÜBERSTEHEN

In unregelmäßigen Abständen hat Ihr Kind Wachstumsschübe. Dann ist es hungriger als sonst. So kann es sein, dass ein Baby, das bisher normalerweise alle drei Stunden gestillt wurde, schon nach ein bis zwei Stunden wieder Hunger hat. Das kann für Ihre Partnerin sehr anstrengend sein, besonders nachts. Es ist aber wichtig, dem Kind die Brust nicht zu verweigern. Nach ein paar Tagen passt die Milchmenge sich der gestiegenen Nachfrage an und das Kind findet meist zum alten Stillrhythmus zurück.

Wenn Ihre Partnerin des Stillens mal überdrüssig sein sollte, kann es helfen, wenn Sie sich gemeinsam Folgendes vorstellen: Ihr Baby meldet nachts Hunger an, Sie stehen auf, kochen Wasser ab, lassen es auf die richtige Temperatur abkühlen, mischen es mit einer genau abgemessenen Menge Milchpulver und schütteln es gut durch – aber nicht zu kräftig, weil Ihr Kind sonst vom Schaum Blähungen bekommt. Ist es da nicht viel einfacher, wenn die Mutter das Baby nachts einfach zu sich an die Brust nimmt und danach gleich weiterdöst?

Väter in der Stillzeit

Stillen ist nicht nur gesund, praktisch und gut für die Beziehung zwischen Mutter und Kind. Auch Sie als Vater profitieren davon, indem Ihnen viel Stress erspart bleibt. Nebenbei darf auch gesagt werden, dass Stillen Ihrer Familie Kosten erspart, denn gute Säuglingsnahrung ist nicht billig. Tragen Sie deshalb dazu bei, dass Ihre Partnerin gute Bedingungen fürs Stillen hat. Ihre Unterstützung ist ganz besonders wichtig: Väter spielen eine entscheidende Rolle für den Stillerfolg und die Stilldauer.

UMGANG MIT NEID UND EIFERSUCHT

Manche Väter sind eifersüchtig auf den innigen Kontakt von Mutter und Kind, vor allem wenn das Kind gestillt wird. Sie fühlen sich ausgeschlossen aus dieser Zweisamkeit und denken, dass sie überflüssig sind. Sie befürchten, sich von ihrer Partnerin zu entfremden, die anscheinend nur noch Körperkontakt mit dem Baby haben will.

Hinzu kommt, dass die Brüste der Partnerin, die bisher ziemlich exklusiv der erotischen Anziehung vorbehalten waren, nun ständig von einer anderen Person »belagert« werden. Häufig sind stillende Mütter in puncto Körperkontakt so gesättigt, dass auf Zärtlichkeiten mit dem Partner kaum noch Appetit bleibt. Wenn bei Ihnen solche Gefühle – Eifersucht, Frust und Neid – entstehen: Sie sind damit nicht allein. Es geht vielen jungen Vätern so. Wir wissen keinen besseren Rat zu dieser Situation als den, dass Mann dies wohl eine Weile bestenfalls weitgehend ohne zu klagen aushalten muss.

Als »Trost« bleibt, das Positive zu sehen: Ihr Kind ist durch das Stillen bestens versorgt. Spätestens nach sechs Monaten, wenn Sie beginnen zuzufüttern, können auch Sie es ernähren. Bis dahin können Sie auch eine ganze Reihe anderer Bedürfnisse Ihres Babys stillen (Wickeln, Baden, Tragen, Trösten ...) und es je nach erwünschter Lösung und Machbarkeit mit abgepumpter Milch aus dem Fläschchen versorgen.

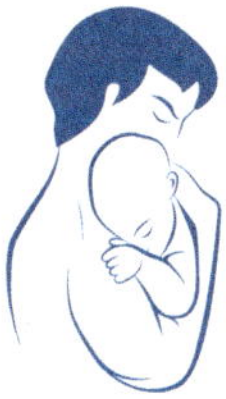

ERFAHRUNGSBERICHT

Falk, 35, ein Kind

Meine Frau Uta wollte zwei Monate nach der Geburt unserer kleinen Nora wieder in den Beruf einsteigen. Ich fand das toll und wollte Nora gern mit der Flasche füttern. Mein Vorteil als Freiberufler ist, dass ich zu Hause arbeite und meine Arbeitszeit flexibel gestalten kann. Wir schafften uns eine mechanische Milchpumpe an, einen Sterilisator, mehrere Fläschchen und Sauger, Flaschenwärmer, Reinigungsbürsten, Plastikbeutelchen ... Am Ende waren rund 150 Euro investiert.

Wir probierten das neue System natürlich gut aus. Der Alltag läuft seitdem so ab: Uta nimmt die Milchpumpe mit zur Arbeit und pumpt während des Tages an einem ruhigen Ort ihre Milch ab. Diese lagert sie zunächst in Plastikbeuteln im Kühlschrank. Zu Hause angekommen wandern sie sofort in den Gefrierschrank. Vor dem Zubettgehen pumpt sie nochmals Milch ab.

So sammelt sich nach und nach ein Muttermilchvorrat im Gefrierschrank an. Ich taue die Milch zwei Stunden vor der Mahlzeit auf – bei Raumtemperatur, damit sie nicht verdirbt. Ich fülle sie in ein sauberes, sterilisiertes Fläschchen mit ebensolchem Sauger und »stille« Nora, wenn sie Hunger anmeldet. Nora hat ihren festen Rhythmus. Da weiß ich gleich Bescheid.

Wenn die Milch einmal aufgetaut ist, darf man sie übrigens nicht wieder einfrieren. Deshalb haben wir immer passende Portionen plus eine Reserve im Gefrierfach. Man lernt ja schnell, wie viel das Baby normalerweise trinkt.

Ich habe in Noras achter Lebenswoche mit dem »Stillen« begonnen, damit sie sich früh auf zwei Milchquellen einstellen konnte. Dadurch sind wir zwei einander noch viel näher gekommen!

SO KÖNNEN SIE SICH AM STILLEN BETEILIGEN

Egal wie Sie Ihre Aufgaben im Familienalltag verteilen, es gibt viele Möglichkeiten, sich aktiv am Stillen zu beteiligen und Ihre Partnerin und Ihr Kind zu unterstützen. Fragen Sie sich, ob und wie lange Sie beide sich vorstellen können, Ihr Kind mit Muttermilch zu ernähren, und überlegen Sie, wie Sie sich gegenseitig in der Stillzeit helfen können.

- Bringen Sie Ihrer Partnerin etwas zu trinken, während sie stillt. Das tut ihr gut, da ihr Flüssigkeitsbedarf durch das Stillen erhöht ist.
- Setzen Sie sich, wenn Ihre Partnerin stillt, hinter sie und halten Sie Ihre beiden Liebsten im Arm, so wie Sie es bestimmt auch in der Schwangerschaft öfter getan haben (siehe Seite 26).
- Sie können die Zeit und die Ruhe des Stillens nutzen, um eine Mahlzeit zuzubereiten. So beteiligen Sie sich über einen »Umweg« auch an der Ernährung Ihres Kindes.
- Bleibt Ihre Partnerin in der ersten Zeit zu Hause und Sie gehen zur Arbeit? Wenn Sie traurig sind, wenig Zeit für Ihr Kind zu haben, rufen Sie sich ins Gedächtnis, dass Sie die Ernährung der Familie ermöglichen. Sie »stillen« so die Bedürfnisse Ihrer Partnerin und Ihres Kindes!

Brust oder Flasche – eine gemeinsame Entscheidung

Stillen ist der Idealfall. Es kann aber auch sein, dass Ihre Partnerin einfach nicht stillen möchte oder sich durchs Stillen anhaltend überfordert fühlt. Prüfen Sie die Rahmenbedingungen: Hat

Ihre Partnerin von der Hebamme oder Stillberaterin ausreichend Anleitung erhalten oder fühlt sie sich unsicher? Sind alle Möglichkeiten ausgeschöpft, ihr etwas mehr Ruhe und Schlaf zu verschaffen? Besonders Schlafentzug kann Mütter dermaßen unter Stress setzen, dass es zu wunden Brustwarzen und Brustentzündungen kommt. Wenn sich das Stillen trotz Hebammenhilfe und Stillberatung zur Last entwickelt, kann es für die ganze Familie eine Erleichterung sein, sich für Flaschennahrung zu entscheiden. Suchen Sie in diesem Fall zusammen mit Ihrer Partnerin eine Lösung und tragen Sie die Entscheidung gemeinsam.

Bedrängen Sie Ihre Partnerin nicht. Oft fühlen sich Mütter als »Versagerin«, wenn sie »aufgeben«. Erkennen Sie ihre Bemühungen an und machen Sie das Fläschchen zu Ihrem gemeinsamen Projekt, in dem auch Sie Ihr Baby »stillen« können.

Ein weiterer Grund für vorzeitiges Abstillen kann sein, dass Ihre Partnerin ein Medikament einnehmen muss, das in die Muttermilch übergeht und für das Kind schädlich ist. Auch in diesem Fall ist Ersatznahrung ein Segen.

Der Übergang zur festen Kost

Wenn Ihr Kind um den sechsten Monat herum Interesse am Essen zeigt, können Sie anfangen zuzufüttern. Beim Thema Babyernährung hat sich in den letzten Jahren viel getan: Heute wird empfohlen, Babys möglichst von Anfang an mit allen Arten von natürlichen, frischen Lebensmitteln vertraut zu machen - in altersgemäßer Zubereitung. Wenn Sie keinen Zeitdruck haben, etwa weil Ihre Partnerin wieder arbeiten will, sollten Sie langsam vorgehen und auf die Bedürfnisse Ihres Babys achten. Es reicht alle zwei Wochen eine Stillmahlzeit zu ersetzen (siehe Seite 236).

Wie sich Ihr Kind entwickelt

Die zeitlichen Angaben im Entwicklungskalender sind Durchschnittswerte.

1./2. Monat

1. Monat: wichtige Reflexe: Ihr Baby bewegt hochgehoben seine Beine, als wollte es laufen; Hände und Füße machen bei Berührung der Innenfläche Greifbewegungen; es kann in Bauchlage seinen Kopf kurz heben; es reagiert auf Geräusche.
2. Monat: Ihr Kind erwidert Ihr Lächeln; es kann auf dem Bauch liegend kurz seinen Kopf halten; es versucht, alles in den Mund zu stecken.

3./4. Monat

3. Monat: Ihr Kind stützt sich vom Bauch auf die Unterarme; es rollt von der Seite auf den Rücken; es reagiert mit Lächeln auf freundliche Ansprache; es kann Gegenständen und Personen mit den Augen folgen; es bringt seine Hände vor dem Gesicht zusammen und spielt mit ihnen.
4. Monat: Ihr Kind beginnt zu »plappern«; es greift nach entfernten Gegenständen; Bewegungen und Greifen werden immer sicherer; es erforscht alle Gegenstände mit dem Mund.

5./6. Monat

5. Monat: Ihr Kind stützt sich aus der Bauchlage auf seine geöffneten Hände; es kann Arme und Beine anheben und auf dem Bauch schaukeln; es lernt, Personen, Gesichtsausdrücke und den Tonfall von Stimmen zu unterscheiden.
6. Monat: Ihr Kind dreht sich in der Rückenlage hin und her; es greift gezielter, schaut herunterfallenden Dingen nach; es greift nach den Füßen; es wechselt Dinge von der einen in die andere Hand; es versucht, sich allein aufzurichten.

INFO

Worauf Sie achten sollten

Halten Sie die Vorsorgeuntersuchungen U1–U9 ein. So kann der Kinderarzt die Entwicklung Ihres Kindes gut begleiten.

1./2. Monat

Gehen Sie in der 4. bis 6. Woche zur Vorsorgeuntersuchung U3! Haben Sie keine Angst, Ihr Baby zu »verwöhnen«. Babys, deren Bedürfnisse befriedigt werden, entwickeln ein gesundes Vertrauen in sich selbst und in ihre Umwelt. Sprechen Sie in vollständigen Sätzen mit Ihrem Baby, nicht nur in »Babysprache«. Beachten Sie die Hinweise zum Babyschlaf auf Seite 144.

3./4. Monat

Vorsicht vor Kleinteilen, die das Baby verschlucken könnte! Stimmen Sie mit Ihrem Kinderarzt einen Impfplan ab. Falls Ihr Kind allergiegefährdet ist, bezieht er dies mit ein. Beobachten Sie Ihr Kind gut. Fallen Ihnen Bewegungen oder Verhaltensweisen auf, sprechen Sie sie bei der U4 an. Melden Sie sich mit Ihrem Kind fürs Babyschwimmen oder zur Babymassage an. Spielerische Beschäftigung mit Ihrem Kind und viel Bewegung fördern seine Entwicklung (Motorik, Gleichgewichtsgefühl und Durchblutung).

5./6. Monat

Dreht Ihr Kind seinen Kopf nach beiden Seiten? Hört es mit beiden Ohren gut? Testen Sie dies gegen Ende des 6. Monats, indem Sie mit Papier rascheln, ohne dass Ihr Kind Sie sieht, einmal rechts, einmal links von seinem Kopf. Folgt es den Geräuschen mit dem Kopf? Falls nicht, sprechen Sie das bei der U5 an. Ihr Kind ist nun schon recht mobil, lassen Sie es daher niemals unbeaufsichtigt erhöht liegen (etwa auf dem Wickeltisch)! Gegen Ende des 6. Monats können Sie Ihr Baby nach und nach an Beikost gewöhnen.

Wie sich Ihr Kind entwickelt

7./8. Monat

7. Monat: Ihr Kind kann ohne Hilfe aufrecht sitzen; es dreht sich allein vom Rücken auf den Bauch; es nimmt seine Füßchen in den Mund; es beginnt zu »fremdeln«; Wünsche kann es durch einsilbige Ruflaute ausdrücken; es ist oft unzufrieden und quengelig, weil es mehr will, als es kann.
8. Monat: Ihr Kind macht erste Versuche, in den »Vierfüßlerstand« zu kommen; es kann sich an Möbeln zum Knien hochziehen; es kann selbstständig sitzen und spielt mit beiden Händen; es beginnt mit den Händen zu essen.

9./10. Monat

9. Monat: Ihr Kind beginnt zu krabbeln; es greift mit Daumen und Zeigefinger; es kann längere Zeit sitzen; es lallt vielfältige Silben und ahmt Sprache nach.
10. Monat: Ihr Kind setzt sich aus der Bauchlage von allein auf; wenn Sie es an den Händen halten, kann es schon für kurze Zeit stehen; es krabbelt immer schneller und freut sich, wenn es ein Regal- oder Schrankfach mit ungefährlichen Gegenständen ausräumen darf.

11./12. Monat

11. Monat: Ihr Kind krabbelt, zieht sich an Möbeln hoch und macht erste unsichere Gehversuche; es plappert fortwährend, begleitet durch ergiebiges Sabbern. Ihr Kind kann seine Gefühle nun auch körperlich beispielsweise durch Umarmungen oder Wegschubsen ausdrücken.
12. Monat: Ihr Kind lernt, erste selbstständige Schritte zu machen; seine Sprache entwickelt sich weiter, es versteht kleine Aufforderungen; es reagiert auf seinen Namen und: Es feiert seinen ersten Geburtstag – herzlichen Glückwunsch, auch zu Ihrem ersten Jahr als Vater!

INFO

Worauf Sie achten sollten

7./8. Monat

Setzen Sie Ihr Kind nicht ungestützt hin, wenn es sich noch nicht allein aufsetzen kann. Lassen Sie es nicht allein im Zimmer, es sei denn, Sie hören, wenn es aufwacht. Kinder lernen am besten durch Zusehen und Nachahmen, etwa bei der Hausarbeit. Vorsicht: Wenn Ihr Kind sich an Möbeln hochzieht, ist es Zeit, die Wohnung kindersicher zu gestalten. Gewöhnen Sie Ihr Kind früh ans Zähneputzen. Mit dem Zahnen können leichte, säuerliche Durchfälle verbunden sein. Fragen Sie Ihre Kinderärztin. Wenn Ihr Kind schon mehr will, als es kann, quengelt es oft. Gönnen Sie ihm auch Ruhephasen, es ist vielen neuen Eindrücken ausgesetzt.

9./10. Monat

Sichern Sie alle Treppen mit Treppengittern! Ihr Kind lässt Gegenstände immer wieder fallen und freut sich, wenn Sie sie aufheben. Nehmen Sie dieses beziehungsfördernde Spielangebot an! Wiederholen Sie seine Gebärden und sein Geplapper. Damit spiegeln Sie ihm sein Verhalten. Loben Sie Ihr Kind für das, was es tut! Ein Laufstall sollte keine Dauereinrichtung sein, denn er bremst den Bewegungs- und Entdeckungsdrang. Benutzen Sie keine Lauflernhilfen! Sie behindern die altersgemäße Entwicklung und können zudem gefährlich kippen.

11./12. Monat

Wenn Ihr Kind mit Laufen oder Sprechen noch nicht so weit ist, lassen Sie ihm Zeit. Fördern Sie es durch Spielen und Singen und sprechen Sie viel in normalen Sätzen mit ihm. Ihr Kind sollte nicht ständig einen Schnuller im Mund haben, das kann die Sprachentwicklung behindern. Wenn Sie unsicher sind, ob es altersgemäß entwickelt ist, fragen Sie Ihren Kinderarzt bei der U6. Bei dieser Untersuchung haben Sie auch Gelegenheit, mit ihm zu beraten, welche Impfungen noch durchgeführt werden sollten.

WEINEN, SCHREIEN UND BERUHIGEN

Weinen und Schreien gehören in den ersten Monaten zum Alltag mit dem Baby. Das ist normal, kann aber Ihre Nerven natürlich ganz schön aufreiben. Doch beides sind (noch) die wichtigsten Ausdrucksformen, die Ihr Kind besitzt, um sich – zumindest gut hörbar – mitzuteilen.

Nach einiger Zeit können Sie die unterschiedlichen Formen des Weinens und Schreiens deuten. Sie erkennen dann schnell, ob Ihr Baby hungrig, müde oder gelangweilt ist, ob ihm etwas wehtut oder ob es sich nach körperlicher Nähe sehnt.

Manchmal schreit ein Baby jedoch scheinbar ohne Grund; auch dann, wenn alle körperlichen Bedürfnisse befriedigt sind. Es scheint einfach untröstlich zu sein. In solchen Situationen kämpfen viele Eltern mit Hilflosigkeit, Verzweiflung oder gar Wut. Vielleicht hilft es Ihnen zu wissen, dass Ihr Kind nie in der Absicht schreit, Sie zu ärgern. Es gibt immer einen Grund. Wenn Sie mit Ihren Nerven am Ende sind, hilft ein Wechsel in der Betreuung. Ist das nicht möglich, legen Sie Ihr Kind sicher ab, verlassen den Raum und atmen tief durch. Auch wenn Sie noch so verzweifelt sind, Sie dürfen Ihr Kind auf keinen Fall schütteln. Das kann zu schweren bleibenden Schäden führen! Hilfe gibt es unter www.elternsein.info.

Schreien ist für ein Baby niemals »gesund« und es ist niemals »richtig«, es schreien zu lassen. Schreien ist immer eine Botschaft an Sie, auf die Sie reagieren müssen. Je eher Sie Ihr Baby trösten, desto früher wird es sich beruhigen. Wenn Sie alle möglichen körperlichen Gründe abgecheckt haben und es immer noch schreit, überlegen Sie, wie der Tag für Ihr Baby gelaufen ist. Vielleicht baut es durch sein Schreien Spannungen ab? Etwa dann, wenn es von einem Übermaß an Eindrücken überfordert ist: Es war im Supermarkt dabei, es ist im Auto mitgefahren, Besucher haben es angeschaut und betüdelt, ältere Geschwister haben es geneckt …?

Nicht nur Eltern sind von einem hektischen Tag genervt! Das Gehirn des Babys muss Tag für Tag Tausende Eindrücke und Erfahrungen verarbeiten, seine Synapsen laufen regelrecht heiß. Aus der Säuglingsforschung wissen wir, dass Babys hier tatsächlich Stress haben, und mit dem Schreien wollen sie sagen: Ich habe genug erlebt! Ich kann nicht mehr! Häufig hilft es, das Baby aus dem Erlebnisreigen zu erlösen und es mit sanften Bewegungen und ruhiger, zugewandter Stimme zu beruhigen.

Hinter scheinbar grundlosem Schreien kann auch ein traumatisches Geburtserlebnis stecken, das auf diese Weise verarbeitet wird. Dann helfen nur Zuwendung und viel Geduld.

Wenn Ihr Kind scheinbar grundlos brüllt, hält derjenige von Ihnen, der im Moment noch »Reserven« hat, es liebevoll im Arm und sagt ihm, dass es in Ordnung ist, so zu weinen, es wird schon seinen Grund haben. Probieren Sie nicht zu viele verschiedene Maßnahmen zum Trösten kurz hintereinander aus, das kann Ihr Kind verwirren und das genaue Gegenteil bewirken. Halten Sie Ihr Baby ruhig im Arm und atmen Sie dabei tief und gleichmäßig in den Bauch. Schaukeln Sie es sanft, gehen Sie mit ihm ruhig durch die Wohnung, sprechen Sie leise mit ihm oder singen Sie ihm etwas vor. Viele Babys beruhigen sich dabei.

Wenn Ihr Baby immer wieder stundenlang schreit und sich nicht trösten lässt, sollten Sie zur Sicherheit von Ihrem Kinderarzt abklären lassen, ob organische Ursachen vorliegen.

Wie Ihr Baby in den Schlaf findet

Die Frage »Na, schläft es schon durch?« hat schon viele vom Schlafentzug geplagte Eltern an den Rand des Wahnsinns gebracht. Tatsache ist aber einfach: Ein Baby passt seinen Schlaf-Wach-Rhythmus erst nach und nach an den Tag-Nacht-Wechsel an und geht nur allmählich dazu über, mehr als vier Stunden am Stück zu schlafen. Das Schlafbedürfnis ist – wie auch bei Erwachsenen – individuell recht unterschiedlich ausgeprägt: Die meisten Säuglinge schlafen in 24 Stunden insgesamt 14 bis 18 Stunden. Manche schlafen sogar 20 Stunden, andere begnügen sich dagegen mit 12 bis 14 Stunden Schlaf pro Tag.

Viele Kinder wachen in den ersten Lebensjahren nachts immer wieder auf und brauchen beim Wiedereinschlafen die Hilfe ihrer Eltern. Gerade voll gestillte Kinder benötigen nachts eine bis drei Stillmahlzeiten, weil die Muttermilch so gut verdaulich ist. Das kann für Sie anstrengend sein, tut Ihrem Kind aber sehr gut. Außer viel Geduld und dem tröstlichen Wissen, dass es von Monat zu Monat besser wird, helfen Ihnen dann vor allem viel Ruhe und ein Ritual beim Einschlafen.

Bewahren Sie Ihr Kind und sich selbst vor Schlaftrainingsprogrammen, die dazu raten, das Kind im Bett allein schreien zu lassen, und sei es auch nur für kurze Zeit! Diese Programme frustrieren Kinder und vermitteln ihnen das Gefühl, dass ihre Bedürfnisse nicht wert sind, gehört zu werden. Sie schaden damit der kindlichen Entwicklung und der Eltern-Kind-Bindung. Das Gehirn des Babys ist gar nicht in der Lage, auf diese Art und Weise zu »lernen«.

Das Vertrauen des Babys in Sie als Eltern und in seine Umwelt kann durch »Schlaftrainings« nachhaltig geschädigt werden (siehe Seite 236).

RITUALE ERLEICHTERN DAS EINSCHLAFEN

Kombinieren Sie abends verschiedene sich wiederholende kleine Rituale. Nur toben sollten Sie in der halben Stunde vor dem Schlafen nicht mehr mit Ihrem Kind. Dann wird es sich bald darauf eingestellt haben, dass es Zeit ist zu schlafen. Ob es dann beim Stillen einschläft, ob Sie bei ihm bleiben, bis es eingeschlafen ist, oder aus dem Zimmer gehen, wenn es noch wach liegt, hängt von Ihrem Gefühl ab. Lassen Sie sich möglichst wenig von anderen reinreden. Jede Familie handhabt das anders. Wählen Sie zwei bis drei Rituale aus oder erfinden Sie eigene:

- Erzählen Sie Ihrem Baby eine kleine Geschichte oder davon, was an diesem Tag schön war. Auch wenn es Ihre Worte noch nicht wörtlich versteht, genießt es den ruhigen Klang Ihrer Stimme und Ihre Anwesenheit. Ihr Baby versteht Sie emotional; es fühlt sich geborgen, kann sich beruhigen – dies gilt auch für die folgenden Vorschläge.
- Lassen Sie zwei, drei seiner Kuscheltiere über seinen Bauch wandern und ihm »Gute Nacht« sagen. Danach verabschieden sich die Tiere (aus Sicherheitsgründen) aus dem Babybett.
- Singen Sie leise ein Schlaflied. Am besten jeden Abend das gleiche.
- Statt zu singen, können Sie auch eine Melodie summen.
- Erzählen Sie Ihrem Baby, wer schon eingeschlafen ist (»Die Oma schläft schon, der Opa schläft schon, die Katze schläft schon …«).

Ein solches Ritual, um das gemeinsame Vorlesen eines Bilderbuchs und Gespräche erweitert, hilft später auch noch Ihrem Kleinkind dabei, in den Schlaf zu finden.

TIPP

Gesunder Babyschlaf

Für den Schlafplatz eines Babys gelten folgende Empfehlungen, um einen gesunden Schlaf zu gewährleisten und um dem plötzlichen Kindstod (auch als plötzlicher Säuglingstod oder SIDS (Sudden Infant Death Syndrome) bekannt) vorzubeugen:

- Im ersten Lebensjahr sollten Babys in Rückenlage schlafen.
- Das Baby sollte in einem Babyschlafsack und ohne zusätzliche Decke schlafen.
- Nicht ins Bettchen gehören alle Gegenstände, die die Atemwege verschließen oder zu einer Überwärmung führen könnten.
- Das Kinderbett sollte im (selbstverständlich rauchfreien) Elternschlafzimmer stehen, da die Atemgeräusche der Eltern die Atemregulation des Babys fördern.
- Rauchen unterlassen! Rauchen gilt als Hauptrisiko – sowohl in der Schwangerschaft als auch in der Umgebung des Kindes.
- Als Schlafkleidung genügen Windel und Schlafanzug.
- Die Raumtemperatur sollte bei ca. 16 bis 18 °C liegen.
- Fassen Sie Ihrem Kind an Stirn oder Nacken. Schwitzt es, ziehen Sie ihm etwas aus; fühlt sich die Haut kalt an, ziehen Sie ihm mehr an.
- Platzieren Sie das Babybett nicht im direkten Sonnenlicht oder neben der Heizung, um Überhitzungen zu vermeiden. Auch Zugluft schadet.
- Ausschließliches Stillen in den ersten sechs Lebensmonaten und darüber hinaus sorgt dafür, dass Ihr Baby bei Atemproblemen leichter wach wird, sodass die Gefahr eines Atemstillstandes geringer ist.
- Wenn Sie Ihr Schlafzimmer auf diese Weise babygerecht gestalten, können Sie das Kinderzimmer vorerst zum Beispiel als Paarzimmer nutzen und sich dort ein »Liebesnest« einrichten, bis Ihr Kind ein eigenes Zimmer braucht.

TRÄNEN NACH DER GEBURT

Das Baby strahlt, die Mutter hält es verzückt lächelnd im Arm, der Vater blickt stolz auf die beiden … Oft trügt dieses idealisierte Bild glücklicher Elternschaft. Die Geburt eines Kindes – besonders des ersten – bedeutet für jede Frau und für jeden Mann tiefgreifende Veränderungen: körperlich, psychisch und sozial.

Ein schreiendes Kind, Schlafentzug, Erschöpfung, Angst vor der lebenslangen Verantwortung und dem Rückfall in ein traditionelles Rollenmodell (siehe auch ab Seite 109): Meist bleibt keine Zeit mehr für Entspannung, Abwechslung und Erholung. Doch wo endet der »ganz normale Wahnsinn« in den ersten Monaten nach der Geburt und wo beginnt die psychische Erkrankung? Man unterscheidet zwischen Babyblues (ca. ein Viertel der Mütter), Wochenbettdepression (unter 10 Prozent der Mütter) und Wochenbettpsychose (0,2 Prozent der Mütter).

»Babyblues« (»Heultage«) tritt häufig am dritten bis fünften Tag nach der Geburt auf und dauert nur Stunden oder Tage. Er äußert sich durch leichte Verstimmung, Weinerlichkeit, Schlaflosigkeit, Erschöpfung, Reizbarkeit und emotionale Labilität.

Über den »Babyblues« wird in Geburtsvorbereitungskursen immer häufiger gesprochen. Wochenbettdepression und -psychose sind dagegen selten Thema. Hier ist noch viel Aufklärungsarbeit notwendig. Bei den meisten Frauen hängt eine depressive Verstimmung nach der Geburt mit der hormonellen Umstellung und den Rahmenbedingungen rund um die Geburt zusammen. Damit sich ein »Babyblues« nicht zu einer Depression auswächst, zeigen Sie Verständnis für Ihre Partnerin.

- Achten Sie darauf, ihre Gefühle nicht herunterzuspielen.
- Nehmen Sie sie in den Arm und zeigen Sie ihr, dass Sie sie so lieben, wie sie ist.
- Entlasten Sie Ihre Partnerin von Haushalt und Kind.
- Suchen Sie lieber früher als später mit Ihrer Partnerin professionelle Hilfe – Hebammen, Psychotherapeutinnen, psychiatrische Kliniken sind hier die richtigen Ansprechpartner.

Väter im Babyblues

Fünf bis 15 Prozent (je nach Definition und Erfassungsmethode) der Väter leiden unter depressiven Symptomen nach der Geburt. Auffällig ist zudem, dass es einen engen Zusammenhang zwischen der postpartalen Depression der Mutter und der des Vaters gibt: Leidet sie daran, steigt die Wahrscheinlichkeit, dass er auch daran leiden wird; und umgekehrt. Dieser Zusammenhang ist plausibel, denn: Wenn es meiner Partnerin schlecht geht, ich mich damit hilflos und überfordert fühle, wirkt sich das auch negativ auf mich aus und es kann eine Negativspirale entstehen. Dieser Zusammenhang zeigt auch, dass es dem Mann und Partner nicht immer gelingt, der »Fels in der Brandung« zu sein oder »die starke Eiche«, die durch nichts aus der Ruhe zu bringen ist. Als hätte es dafür noch eines Beweises bedurft! Anders gesagt: Männer sind auch nur Menschen. Frauen auch.

Auch für manche Väter stellen sich die ersten Tage und Wochen mit Kind als Überforderung dar. Und auch bei Vätern kann sich ein relativ unkritischer »Babyblues« unter ungünstigen Rahmenbedingungen zu einer Depression entwickeln. Diese Entwicklung kann sich in länger anhaltender Antriebslosigkeit, Apathie, Schweigen, aber auch durch Gereiztheit und Aggressivität äußern. Behandlungsbedürftig sind Depressionen bei Müttern wie bei Vätern, da sie die Eltern im angemessenen und förderlichen Kontakt mit ihrem Kind einschränken und sich so negativ auf die kindliche Entwicklung auswirken. Für Väter wie für Mütter – und für Paare erst recht – gilt: Suchen Sie sich Hilfe wie oben beschrieben! Lieber früher als später!

»Ein Mann kann nicht immer ein Held sein.
Aber er kann immer ein Mann sein!«

JOHANN WOLFGANG VON GOETHE | DEUTSCHER DICHTER (1749–1832)

TIPP

Das hilft, Depressionen zu vermeiden und mit ihnen umzugehen

- Wenn Sie sich mit anderen (werdenden) Vätern austauschen, werden Sie vermutlich erfahren, dass Durststrecken als frischgebackener Vater relativ normal sind. Fragen Sie, was anderen dabei geholfen hat.
- Bei Vätern sinkt der Testosteron- und steigt der Östrogenspiegel, was Stimmungstiefs und Depressionen begünstigt. Steuern Sie dem entgegen: mit Dingen, die Ihnen Spaß machen und guttun, wie Bewegung und Sport (auch mit Kind) und Treffen mit Freunden.
- Schlafen Sie ausreichend, vielleicht auch tagsüber oder eine Nacht pro Woche in einem separaten Zimmer.
- Suchen Sie sich bei Schwangerschafts-/Vaterschaftskonflikten oder Beziehungsstress früh professionelle Hilfe (www.familienplanung.de).

ALLTAG, **Spiel und Spaß** MIT KIND

Als Vater sind Sie ganz besonders wichtig für Ihr Baby. Das haben Sie bereits im ersten Kapitel gelesen. Um diese Bedeutung auszufüllen, Ihr Kind zu fördern und um eine starke Beziehung zu ihm aufzubauen, ist gemeinsam verbrachte Zeit wichtig. Wie Sie altersgemäß auf Ihr Kind eingehen und wie Sie mit ihm spielen können, lesen Sie auf den nächsten Seiten. Hier erfahren Sie auch, wie Sie Ihre gemeinsame Zeit angenehm verbringen und wie Sie viel Spaß mit anderen Vätern und Kindern haben können.

RAUM UND ZEIT FÜR VATER UND KIND

Zeit ist nicht alles – aber ohne Zeit geht nichts, auch nicht der Aufbau und die Pflege einer guten Beziehung zwischen Vater und Kind. Väterforscher sagen zwar, dass nicht allein die Menge der Zeit, die ein Vater mit seinem Kind verbringt, entscheidend ist für eine gute Vater-Kind-Beziehung. Wichtiger sei die Qualität der miteinander verbrachten Zeit und dass der Vater gern mit seinem Kind zusammen ist, ihm seine Liebe zeigt, ihm Anerkennung gibt und seine Entwicklung aktiv und fördernd begleitet. Doch für gelebte Liebe braucht man(n) nun mal Zeit, ob zwischen Vater und Kind oder in einer Paarbeziehung. Es ist hilfreich, diese gemeinsame Zeit nicht dem Zufall zu überlassen. Feste »Termine« oder »Zeitfenster« für ihr Kind zu reservieren ist vor allem für Väter sinnvoll, die beruflich viel leisten müssen.

Bereits wenige Wochen nach der Geburt beginnt sich ein gewisser Rhythmus in den Tagesgewohnheiten Ihres Kindes einzustellen. Beobachten Sie mit Ihrer Partnerin, wann es wach ist und wann es schlafen will. Überschneiden sich die Zeiten, in denen Sie zu Hause sind, und die Wachphasen Ihres Kindes? Wenn es sehr wenige Überschneidungen gibt, können Sie mit Ihrer Partnerin überlegen, wie sich Ihr Familien- und Arbeitsalltag anpassen lässt:

- Ist es etwa möglich, dass Sie früher oder später zur Arbeit gehen beziehungsweise nach Hause kommen (Gleitzeiten)?
- Lässt sich vielleicht auch der Rhythmus Ihres Kindes verschieben, indem Sie es allmählich früher ins Bett bringen und entsprechend früher wecken oder umgekehrt?

Mit Lust und Laune bevatern

Sie können sich überall im Leben Ihres Babys einbringen: Morgens können Sie Ihr Kind aus seinem Bett nehmen, es waschen, wickeln und anziehen. Oder Sie übernehmen abends die Wasch- und Wickelprozedur, bringen Ihr Kind ins Bett und sorgen für ein kleines Einschlafritual (siehe Seite 143).

Schaffen Sie sich möglichst bald Zeit- und Freiräume, in denen Sie in Absprache mit Ihrer Partnerin allein etwas mit Ihrem Baby unternehmen. Nutzen Sie Chancen, Ihr Kind allein zu »bevatern«! Seien Sie ein selbstbewusster Vater, aber versuchen Sie dabei nicht, alles perfekt zu machen. Genießen Sie den Kontakt. Tasten Sie sich langsam an dieses Projekt heran, so gewinnen Sie immer mehr Sicherheit.

Falls Sie noch nie (abgepumpte) Milch mit einem Fläschchen gefüttert haben, dann üben Sie dies vorher, damit Ihre Zeit mit Ihrem Kind ein Genuss für Sie beide wird und Sie nicht eine Stunde lang ein vor Hunger schreiendes Baby beruhigen müssen. Wenn Ihr Kind nicht aus der Flasche trinkt, beachten Sie genau seinen Stillrhythmus: Auf wie viel »brustfreie« Zeit mit Ihrem Baby können Sie sich einstellen?

Was Sie nun gemeinsam unternehmen, machen Sie am besten davon abhängig, wonach Ihnen gerade ist. Schnappen Sie sich den Kinderwagen oder das Tragetuch und gehen Sie mit Ihrem Kind spazieren. Gerade die Bewegung im Wagen oder der intensive Kontakt beim Tragen entspannt viele Kinder sehr schnell. Deshalb kann es passieren, dass Ihr Kind bald einschläft. Nutzen Sie diese Zeit für Ihre eigene Entspannung: Genießen Sie die Ruhe und die frische Luft. Halten Sie dabei nach Plätzen Ausschau, an denen Sie andere Eltern mit Babys und Kleinkindern treffen können. Austausch ist fast immer anregend.

Oder Sie machen es sich daheim gemütlich und Ihre Partnerin kann unterdessen die freie Zeit außer Haus genießen. Ist Ihr Baby wach, legen Sie los! Achten Sie darauf, wie es reagiert, wenn Sie mit ihm schmusen und kuscheln wollen: Freut es sich oder wird seine Stimmung schlechter? Babys können sich noch nicht in Worten äußern, aber mit der Zeit lernen Eltern ihre Signale recht zuverlässig zu deuten.

Sie können sich auch beim Wickeln etwas mehr Zeit nehmen. Liegt Ihr Baby in Rückenlage auf der Wickelkommode, können Sie wunderbar Blickkontakt aufnehmen, um Ihrem Kind etwas zu erzählen. Oder Sie nutzen die Zeit für eine sanfte Babymassage (ab Seite 158). Achten Sie aufmerksam darauf, ob Ihr Kind mehr davon möchte und wann es genug hat.

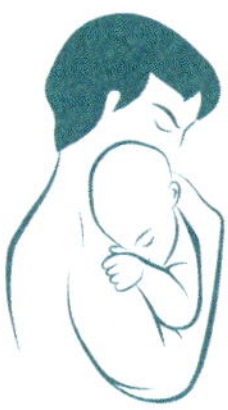

ERFAHRUNGSBERICHT

Olaf, 38, zwei Kinder

Als unsere Tochter drei Monate alt war, ging Angela einmal wöchentlich zum Rückbildungskurs. Drei Stunden war sie weg – für mich ganz schön aufregend, Mathilda wurde ja noch gestillt und die Flasche mit der abgepumpten Milch lehnte sie ab. Die ersten zwei Stunden gingen meist ganz gut, aber dann begann Mathilda häufig zu schreien. Ich bin mit ihr auf dem Arm in der Wohnung auf und ab gelaufen. Wenn das nicht half, wurde sie beim Spaziergang im Kinderwagen meist ruhiger. Nach und nach habe ich viel Sicherheit gewonnen. Meine Partnerin hat mir zum Glück immer zugetraut, es auch allein zu schaffen.

VÄTER KÖNNEN DAS!

Wie Sie im ersten Kapitel erfahren haben, können Väter genauso gut mit ihren Babys umgehen wie Mütter. Sie sind ebenso sensibel und machen intuitiv genauso viel richtig (siehe Seite 13).

Haben Sie also keine Angst, Ihrem Kind wehzutun oder ihm gar etwas zu brechen, wenn Sie es anfassen. Ihr Baby ist nicht so zerbrechlich, wie es in Ihren Augen vielleicht erscheint. Bedenken Sie: Bei der Geburt hat es immensen Kräften standgehalten. Es ist heftig gedrückt und geschoben worden.

Mütter und Vätern hilft es, den Familienalltag gemeinsam zu bewältigen. Gerade das viele Heben, Tragen und Stützen kann über viele Stunden hinweg anstrengend sein. Mit vereinten Kräften geht es besser! Halten Sie Ihr Kind zum Beispiel beim Baden fest (siehe Seite 125) oder lassen Sie es nach einer Stillmahlzeit auf Ihrer Hand und Ihrem Unterarm gut gehalten in Bauchlage »fliegen« (siehe Seite 156).

Babys interessieren sich einfach für alles, was um sie herum geschieht. Sie wollen sich einmischen, angeregt und von beiden Elternteilen gefördert werden – von Anfang an! Grund genug, Ihren eigenen Stil im Umgang mit Ihrem Kind zu entwickeln.

»Zum Selbstbewusstsein gehört, dass man seine Besonderheit eher pflegt als ablegt.«

CHRISTA GRASMEYER | DEUTSCHE AUTORIN

Erklären Sie Ihrem Kind die Welt

Ihr Kind ist neugierig. Es will genau wissen, was mit ihm und um es herum geschieht! Unterstützen Sie Ihr Baby bei seinen Entdeckungsreisen.

Ab dem Alter von vier bis sechs Wochen reagiert Ihr Kind auf alles, was es hört, besonders aber auf Sprache. Es wird Ihnen immer interessierter zuhören. Deshalb sollte es für Sie zum ganz normalen »Umgangston« gehören, Ihr Kind anzusprechen, wenn Sie sich um es kümmern: »So, Hannah, jetzt wasche ich dich ... Das ist der Waschlappen, den mache ich jetzt nass ...« Sehen Sie in Ihrem Kind von Anfang an einen vollwertigen Gesprächspartner, auch wenn Sie noch keine Antwort in »Klartext« bekommen. Aber Ihr Baby spürt auf diese Weise Ihre liebevolle Aufmerksamkeit. Zusätzlich fördern Sie damit die Entwicklung der Sprache sowie der Wahrnehmungs- und Denkfähigkeit Ihres Kindes.

Mit vier bis sechs Monaten wird es noch spannender. Ihr Kind will immer mehr von Ihnen hören. Wenn Sie eine Sprechpause machen, antwortet es zunehmend in seiner ganz eigenen Sprache. Stellen Sie Ihrem Kind Fragen: Nehmen Sie zum Beispiel Blickkontakt auf und fragen Sie: »Magst du das?« Auf diese direkte Ansprache wird Ihr Kind reagieren, besonders wenn Sie ihm mit Ihrer Mimik Ihre volle Aufmerksamkeit signalisieren. Wenn es brabbelnd antwortet, treten Sie in einen Dialog. So werden Sie beide lustige und interessante Konversationen haben.

Sie können Ihrem Kind auch schon jetzt einfache Bilderbücher mit ein bis zwei Bildern pro Seite zeigen, ihm die Gegenstände erklären, die darin zu sehen sind, und erzählen, was im Buch passiert. Auch so schaffen Sie beste Bedingungen für die kognitive Entwicklung Ihres Kindes.

Sanft aufnehmen und hinlegen

Auch einfache Handgriffe wollen gelernt sein. Wenn Ihr Baby auf dem Rücken liegt und Sie es auf den Arm nehmen wollen, bereiten Sie es darauf vor. Nehmen Sie zunächst Blickkontakt mit ihm auf. Achten Sie auf seine Signale, reden Sie mit ihm, erklären Sie immer, was Sie machen, berühren Sie es.

- Schieben Sie dann – wenn Sie Rechtshänder sind – Ihre linke Hand unter den Hals und die rechte unter den Po. Mit dem linken Unterarm stützen Sie Babys Rücken und mit den gespreizten Fingern stützen Sie Nacken und Kopf ab. Das klingt komplizierter, als es ist, und wird schnell zu einer sicheren Routine ①.
- Oder Sie umfassen mit beiden Händen den Brustkorb Ihres Babys unter den Achseln. Drehen Sie es leicht auf die Seite, stützen Sie mit Ihren Fingern Nacken und Kopf – und hoch geht's ②.

Wichtig ist, dass Sie Ihr Baby erst hochheben, wenn es Ihre Hände fest unter seinem Körper spürt. Ebenso beim Hinlegen: Ziehen Sie Ihre Hände niemals ruckartig unter dem Körper Ihres Babys weg und nehmen Sie sie erst dann sanft weg, wenn es gut auf der Unterlage liegt. Stützen Sie immer mit einer Hand den Kopf Ihres Kindes, da es ihn bis zum fünften oder sechsten Monat noch nicht stabil allein halten kann. Wenn Sie sich unsicher fühlen, besuchen Sie einen Säuglingspflegekurs.

①

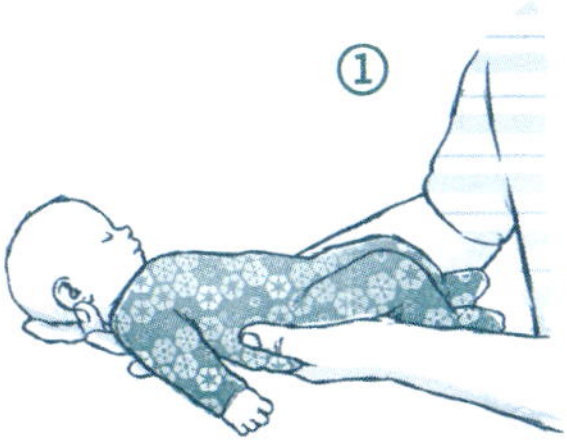

②

Sicher halten und tragen

Halten, Tragen und Sanft-auf-dem-Arm-Schaukeln sind klassische Methoden, um unruhige oder weinende Babys zu beruhigen oder in den Schlaf zu wiegen.

- Der Körper Ihres Kindes ruht auf Ihrem Unterarm und wird von Ihrer Hand unter seinem Po gehalten. Sein Kopf liegt in Ihrer Armbeuge. Ihre andere Hand bietet Sicherheit ①. So können Sie gut Blickkontakt zu Ihrem Kind halten.
- Wenn Ihr Baby schon etwas älter ist, wird es sich freuen, wenn Sie es auch einmal vor Ihrem Körper tragen und es nach vorn schauen und seine Umgebung begutachten kann. Ihr Kind sitzt mit dem Po auf Ihrem rechten Handgelenk, Sie umfassen und halten mit der rechten Hand sicher seinen linken Oberschenkel. Ihr linker Unterarm ist eine Art Sicherheitsbügel vor dem Oberkörper; der Unterarm stützt sanft ergänzend den Körper und hält ihn unter den Achseln ②. Achten Sie darauf, dass Kopf und Rücken Ihres Babys gut gestützt sind. Erst im Laufe des dritten und vierten Monats lernt Ihr Kind den Kopf zu halten und werden die Rückenmuskeln kräftiger.
- Auch die Flieger-Position mögen viele Kinder: Halten Sie Ihr Baby so, dass es mit dem Oberkörper auf Ihrem Unterarm liegt, dabei umgreift Ihre Hand seine Achsel. Mit der anderen Hand stützen Sie den Bauch. Sie können das Baby aber auch gut in seiner ganzen Länge auf Ihrem Unterarm ruhen lassen.

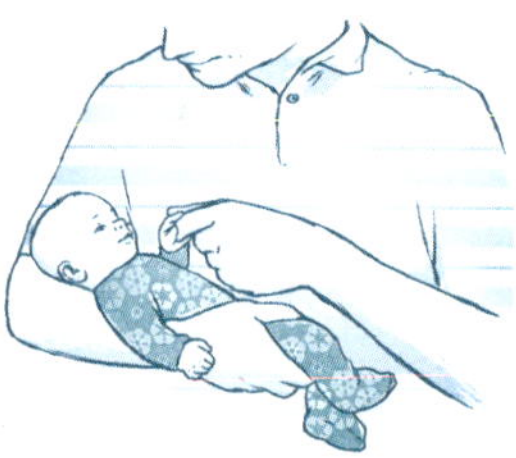

①

②

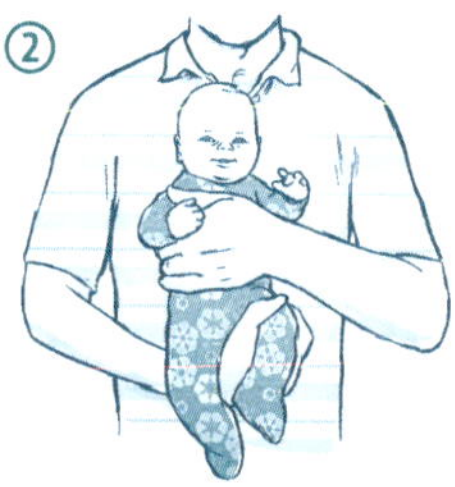

Sein Köpfchen ruht dabei in Ihrer Armbeuge, Ihre Hand umfasst ein Bein ③. Im Alter von etwa drei Monaten kann es in dieser Position den Kopf anheben und so ebenfalls wunderbar die Übersicht behalten. Wenn Sie sich in dieser Haltung mit Ihrem Kind bewegen, sichern Sie es auf jeden Fall mit Ihrer anderen, freien Hand.

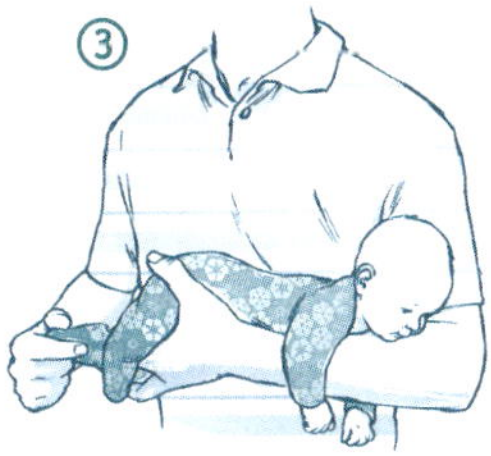

KÖRPERKONTAKT BERUHIGT

Wenn Ihr Baby sich schwertut, zur Ruhe zu kommen, wenn es Hunger oder Bauchweh hat, hilft ihm Körperkontakt. Mit ein wenig Übung lernen Sie schnell, Ihr Kind sicher und ergonomisch korrekt zu halten, zu tragen oder aufrecht an Ihre Schulter zu lehnen, damit es ein »Bäuerchen« machen kann. Dafür legen Sie sich am besten ein »Spucktuch« (zum Beispiel eine gefaltete Mullwindel) über die Schulter, denn wenn Babys aufstoßen, ist das selten trocken!

Der enge Körperkontakt tut Ihnen beiden gut: Ihr Baby spürt Ihre Wärme, Ihre Bewegungen und riecht Ihren vertrauten Geruch. Sie spüren Ihr Kind ganz nah, lernen es immer besser kennen und gewinnen Selbstvertrauen und Sicherheit. So fördern Sie die Bindung zu Ihrem Kind.

Eine starke, Halt gebende Bindung ist für Kinder im ersten Lebensjahr und darüber hinaus enorm wichtig, um emotionale Sicherheit und Vertrauen in die Welt und zu sich selbst zu entwickeln. Das Gefühl, getragen und gehalten zu werden, hilft Ihrem Kind, Aufmerksamkeit, Motivation, Mitgefühl und Selbstvertrauen zu entwickeln – Fähigkeiten, von denen es sein Leben lang profitieren wird.

Babymassage

Babymassage ist eine schöne, sanfte Art der Beziehungspflege und »Kommunikation ohne Worte« zwischen Ihnen und Ihrem Kind. Ihr Kind erfährt Sie dabei als zärtlichen und einfühlsamen Vater und Sie lernen seinen Körper und seine Reaktionen auf Ihre Berührungen noch besser kennen.

Babymassage dient der Entspannung und der seelisch-mentalen Gesundheit. Im Vordergrund der Babymassage steht, dass Ihr Kind und Sie sich wohlfühlen und dass Sie durch Ihre liebevolle Zuwendung die Beziehung zueinander stärken.

Wenn Ihr Kind Bauchweh hat, können Sie ihm helfen, seine Blähungen loszuwerden. Drücken Sie seine Beine in Rückenlage wie beim Radfahren abwechselnd sanft zum Bauch.

VORBEREITUNGEN

Die Raumtemperatur sollte mindestens 25 °C betragen. Sie können Ihr Baby auf dem Bett massieren. Dabei sitzen Sie im Schneidersitz und Ihr Kind liegt direkt vor Ihnen auf der Matratze. Sie können es auch auf Ihre ausgestreckten Beine legen. Benutzen Sie ein Handtuch zum Unterlegen. Das schützt Sie vor Öl-, Urin- und eventuellen Stuhlflecken. Weil sie sich so schön entspannen, pinkeln nicht wenige Babys bei der Massage.

Sie können Ihr Kind massieren, wenn es ohnehin recht ruhig ist. Oder Sie massieren es zur Beruhigung. Es sollte aber weder hungrig noch müde sein. Mit der Massage kann die Ruhe, die Sie ausstrahlen, auf Ihr Kind übergehen. Haben Sie ein wenig Geduld. Anfängliche Unruhe oder Quengeln können sich bald legen. Sorgen Sie für eine ruhige, entspannte Atmosphäre. Lassen Sie sich nicht durch äußere Einflüsse ablenken. Das klingelnde Telefon kann der Anrufbeantworter übernehmen!

SO WIRD'S GEMACHT

Öl macht die Massage sanfter. Kalt gepresste, ungeröstete Pflanzenöle wie Mandelöl (aus dem Bioladen) eignen sich am besten. Sorgen Sie dafür, dass Ihre Hände warm sind, und ölen Sie sie ein. Massieren Sie zunächst sehr sanft, zart und mit nur wenig Druck. Achten Sie darauf, wie Ihr Kind reagiert! Seien Sie besonders vorsichtig am Bauch, wenn es Bauchweh hat.

Machen Sie ruhige, gleichmäßige Bewegungen und beziehen Sie alle Körperpartien gleichermaßen ein. Wenn Sie zum Beispiel dreimal das rechte Bein massiert haben, massieren Sie auch dreimal das linke.

Achten Sie darauf, dass Sie während der gesamten Massage Körperkontakt zu Ihrem Baby halten. Eine Hand, zumindest ein Finger, sollte die Verbindung zwischen Ihnen und Ihrem Baby die ganze Zeit über aufrechterhalten.

Beginnen Sie mit dem Baby in Rückenlage. Zunächst ein paar Streicheleinheiten für den Kopf:

- Streichen Sie das Gesicht langsam, symmetrisch und mit Ihren beiden Daumen von der Nase über die Wangen herab aus ①. Wiederholen Sie dies einige Male.
- Streichen Sie das Gesicht nun einige Male mit beiden Daumen sanft und gleichmäßig von der Mitte der Stirn zu den Schläfen hin aus ②.

①

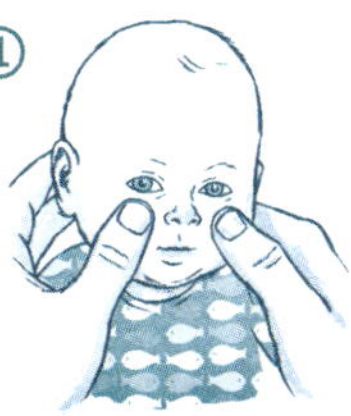

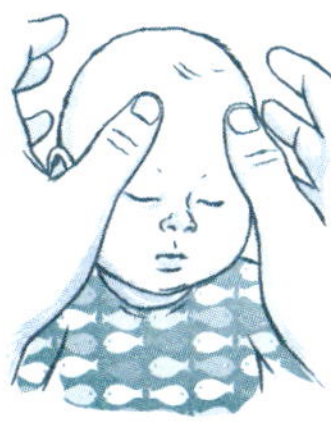

②

- Nun ist der Rumpf an der Reihe: Streichen Sie mit der Hand, beginnend an der linken Schulter des Babys, diagonal über den Rumpf zum linken Bein ①.
- Setzen Sie jetzt eine Hand in der Mitte des Rumpfes in Brusthöhe an und streichen Sie damit nach außen zum rechten Arm. Dann setzen Sie wieder in der Mitte an und streichen zum linken Arm.
- Nun ist der Bauch dran: Streichen Sie kreisend mit Ihrer Hand über den Bauch Ihres Babys, und zwar immer nur im Uhrzeigersinn (wegen der Darmrichtung)!
- Drehen Sie Ihr Baby jetzt auf den Bauch und legen Sie es vor Ihren Körper. Legen Sie Ihre Hände nebeneinander quer auf seinen Rücken, beginnend am Nacken. Während Sie die eine Hand schieben, ziehen Sie die andere jeweils quer zur Wirbelsäule Ihres Babys über den Rücken. Bewegen Sie so Ihre Hände langsam ziehend und schiebend vom Nacken zum Po ②. Drücken Sie nicht auf den Rücken und vor allem nicht auf die Wirbelsäule – sie ist sehr druckempfindlich!

①

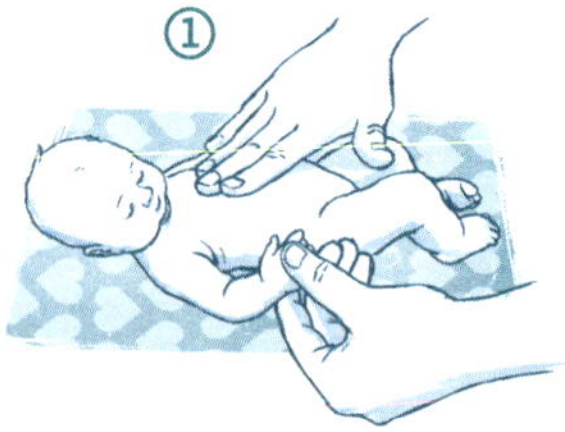

②

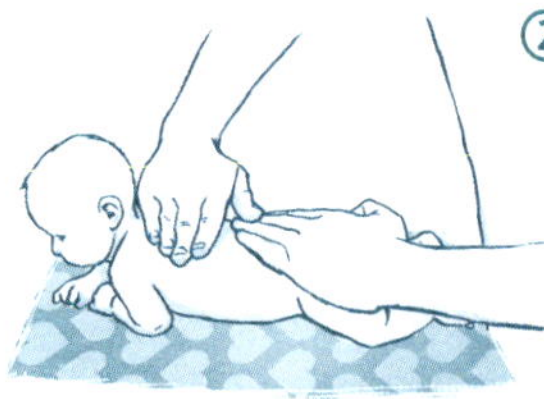

- Streichen Sie anschließend sanft den Rücken in Längsrichtung vom Nacken zum Po aus ③.
- Wiederholen Sie die sanfte Bauchmassage und das Streichen über den Rücken Ihres Babys noch einmal.
- Drehen Sie Ihr Kind nun wieder zurück auf den Rücken. Umfassen Sie mit einer Hand einen seiner Oberarme und streifen Sie mit Ihrer Hand langsam den Babyarm entlang bis zur Hand Ihres Babys ④.
- Bevor Sie den Kontakt zu seiner Hand lösen, umfassen Sie mit Ihrer anderen Hand wieder seinen Oberarm und ziehen Sie mit Ihrer Hand gleichermaßen zur Babyhand hin. Wiederholen Sie dies, so oft es Ihnen und Ihrem Kind passt. Achten Sie darauf, dass Sie beide Arme gleich behandeln!
- Wenden Sie die gleiche Technik auf die Beine Ihres Babys an. Auch dies, so oft es Ihnen beiden passt. Fertig!
- Lassen Sie diese vertrauliche Atmosphäre für Sie und Ihr Baby so sanft und ruhig wie möglich ausklingen. Wenn Sie auf den Geschmack gekommen sind, besuchen Sie doch mit Ihrem Kind einen Babymassagekurs!

③

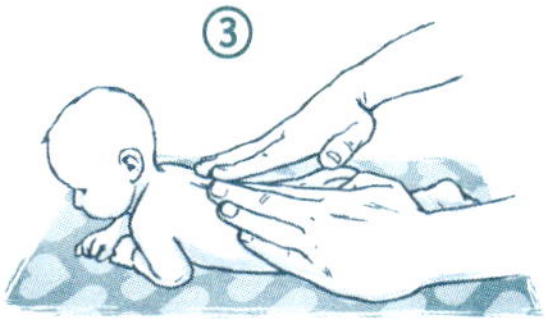

④

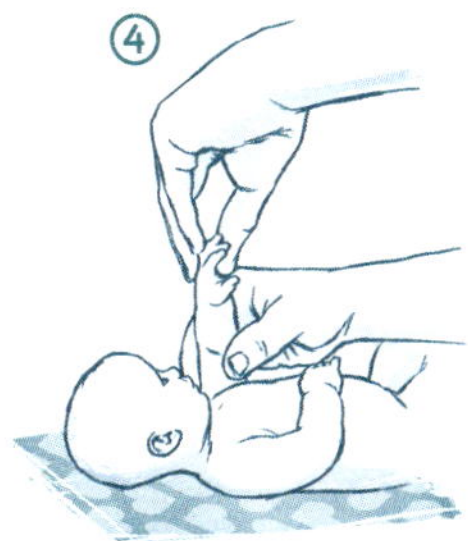

Vorsingen – mitsingen

Ihr Kind will Ihre Stimme hören! Sie können ihm Ihren gesammelten Schatz an Liedern darbieten. Ob Heino, Rossiniarien, Antilopen Gang, Sookee oder Grönemeyer – Kinder lieben Musik und Ihr Kind liebt Ihre Stimme. Sie müssen vorher keinen Gesangsunterricht nehmen – was zählt, sind Sie, Ihre Stimme, der Rhythmus und der Spaß. Notfalls können Sie statt selbst zu singen auch mal Musik aus der Konserve zusammen hören – wobei Mozart oder Bach wohl besser geeignet sind als Techno oder Heavy Metal. Nehmen Sie Ihr Kind auf den Arm und tanzen Sie zur Musik. Natürlich sind auch Kinderlieder und Reime bestens geeignet. Kramen Sie in Ihrer Erinnerung oder kaufen Sie sich eine Sammlung mit Kinderliederklassikern.

»Ich singe immer als Einschlafritual und manchmal auch beim Spazierengehen. Mittlerweile fordert mich meine Tochter dazu auf, wenn ich es vergesse: ›Pa-pa-la-lalla-he-jo!‹«

OLAF, 38 | VATER VON ZWEI KINDERN

Spiele fürs erste Lebensjahr

Mit drei bis vier Monaten können sich Kinder für einige Minuten gut auf einzelne Beschäftigungen und Spiele konzentrieren. Regen Sie Ihr Kind zum Spielen an und spielen Sie mit ihm. Das geht ganz einfach. Spiele entstehen häufig ganz von selbst.

- Ab dem siebten Lebensmonat lieben Kinder Kuckuckspiele. Legen Sie abwechselnd sich selbst und Ihrem Kind ein luftdurchlässiges Tuch über das Gesicht und ziehen Sie es wieder weg – Ihr Kind wird vor Vergnügen quietschen!
- Spätestens wenn Ihr Kind anfängt zu krabbeln, wird es dabei Regalfächer und Schubladen entdecken und sie fleißig ausräumen. Unter Ihrer sorgsamen Aufsicht und Beteiligung kann Ihr Kind CDs, Bücher und sonstigen Krimskrams ausräumen und begutachten. Noch besser ist es, wenn Sie jetzt schon eine Kiste mit großen Bauklötzen haben.
- Sie können mit Ihrem Kind auch um die Wette krabbeln, es auf Ihrem Schoß reiten oder (ab etwa sechs Monaten) hüpfen lassen, hoppe, hoppe, Reiter spielen ... Der Fantasie sind keine Grenzen gesetzt. Achten Sie aber darauf, Ihr Kind nicht zu überfordern (siehe Tipp unten).

TIPP

Darauf sollten Sie achten

- Beim Hopsen, Spielen und Toben darf es gerne auch mal etwas wilder zugehen. Aber: Ihr Kind braucht auch Ruhe und Entspannung, um seine Erlebnisse zu verarbeiten. Vor dem Schlafen sollte es Zeit haben, sich zu beruhigen.
- Lassen Sie es niemals allein mit kleinen Gegenständen spielen, die es verschlucken könnte, zum Beispiel Knöpfe, Murmeln oder Legosteine.
- Räumen Sie Ihre Wohnung und Ihre Schränke rechtzeitig so um, dass Ihr Krabbelkind gefährliche Dinge nicht erreichen kann. Besorgen und installieren Sie Schranktürblockierer und Kindersicherungen für Steckdosen. In Baby- und Baumärkten finden Sie passende Sets.
- Sichern Sie Innentreppen unten und oben mit Treppengittern!

Eltern-Kind-Gruppen und -Kurse

Eltern-Kind-Gruppen bieten Ihrem Kind Kontakt zu Gleichaltrigen, Anregungen und Fördermöglichkeiten und Ihnen den Austausch mit anderen Vätern und Müttern. Krabbelgruppen, Spielgruppen, Babymassagekurse, Babyschwimmen und vieles mehr finden Sie im Angebot von Familienbildungsstätten, Hebammenpraxen und manchen Kliniken.

WIE AUF EINEM ANDEREN STERN?

Leider können berufstätige Väter die meisten Angebote kaum wahrnehmen: Fast alle Gruppen treffen sich unter der Woche vor- oder nachmittags. Angebote am Abend oder am Wochenende gibt es bisher noch selten. Wenn ein Vater dann doch die Zeit findet, das Angebot einer Eltern-Kind-Gruppe wahrzunehmen, stellt er oft fest, dass er der einzige Vater in einer Runde von Müttern ist. Das muss kein Problem sein: Manche Väter fühlen sich »allein unter Frauen« durchaus wohl. Häufig werden sie als Teilnehmer sehr geschätzt, da sie neue Aspekte und Sichtweisen in die Gruppe bringen.

Andererseits berichten Väter immer wieder, dass sie sich von den Müttern beobachtet und manchmal auch bevormundet fühlen. Wenn Sie tatsächlich einen Rat brauchen, kann es hilfreich sein, aus der Erfahrung der Mütter zu schöpfen. Wenn nicht, ist die Situation eine gute Gelegenheit für Sie, Ihr Vertrauen in sich selbst zu stärken und ungefragt erteilte Pflege-, Fürsorge- und Erziehungsratschläge dankend abzulehnen.

ANGEBOTE NUR FÜR VÄTER UND KINDER

Wenn klassische Elterngruppen, an denen hauptsächlich Mütter mit ihren Kindern teilnehmen, für Sie nicht infrage kommen, machen Sie sich auf die Suche nach Vater-Kind-Angeboten. Davon gibt es immer mehr. Informative Anlaufstellen sind Familienbildungsstätten, Familien- oder auch Mütterzentren, Mehrgenerationenhäuser, Jugendämter und Hebammenpraxen. Erkundigen Sie sich, es lohnt sich. Nicht nur in größeren Städten gibt es Familienbildungsstätten und Beratungsstellen, die sich ganz gezielt an Väter richten (siehe Seite 237). Wenn Sie jedoch nichts Geeignetes finden, dann:

- Wenden Sie sich an eine Familienbildungsstätte oder Volkshochschule in Ihrem Wohnort. Regen Sie Kurse für Väter an! Vielleicht rennen Sie dabei offene Türen ein. Eventuell werden Sie gleich gefragt, ob Sie selbst einen gestalten möchten ...
- Vielleicht können Sie auch gemeinsam mit der Einrichtung kreativ werden, wenn es darum geht, bei Vätern für ein Angebot zu werben. Hängen Sie zum Beispiel Zettel an den Bäumen auf Spielplätzen oder in Baumärkten auf: »Vater-Kind-Spielgruppe in der Familienbildungsstätte/in der Volkshochschule/in Eigenregie in der Innenstadt. Wer macht mit?«
- Rufen Sie die Väter aus Ihrem Geburtsvorbereitungskurs an und motivieren Sie sie, an einer Vater-Kind-Gruppe teilzunehmen, gemeinsam mit Ihnen in einen klassischen Eltern-Kind-Kurs zu gehen oder sich »einfach so« zu treffen und gemeinsame Aktivitäten mit Ihren Kindern zu planen.

Viele Leiterinnen von Familienbildungsstätten berichten übereinstimmend: Väter warten nur darauf, dass jemand den Anfang macht. Sie suchen genau danach, sich mit anderen Vätern zu treffen, um gemeinsam etwas mit Kindern zu unternehmen, um Kontakte zu knüpfen, um Erfahrungen auszutauschen.

ELTERN WERDEN, Paar bleiben

In den ersten Wochen und Monaten wird Ihr Kind Sie sehr beanspruchen. Es kann gut sein, dass die Zeit, die Sie früher als Paar für Gespräche, Nähe, Zärtlichkeit und Sex hatten, scheinbar in weite Ferne rückt. Damit diese Momente nicht zu sehr aus dem Bewusstsein und aus Ihrem Leben verschwinden, finden Sie in diesem Kapitel Anregungen, die Ihnen helfen, sich trotz aller neuen Herausforderungen als Eltern auch als Liebespaar im Blick zu behalten.

LANDUNG IM FAMILIENALLTAG

Wenn sich nach der Geburt langsam der Familienalltag einstellt, merken viele frischgebackene (Erst-)Eltern, dass ihnen für sich selbst und als Paar deutlich weniger Zeit bleibt. Bei Ihnen ist das nicht so? Umso besser! Vielleicht ist Ihr Kind außergewöhnlich »pflegeleicht« oder Sie erfahren viel Unterstützung aus Ihrem Umfeld. Dennoch wird sich auch Ihr Beziehungsleben verändern, schließlich gehört ab jetzt eine Person mehr dazu.

Je nachdem, wie sich das Temperament Ihres Kindes zeigt, ob es einen leichten oder schwierigen Start ins Leben hatte, viel oder wenig weint, überwiegend gesund oder häufig krank ist, werden Sie als Eltern unterschiedlich stark beansprucht. Es gehört zu den schwierigsten Aufgaben junger Eltern, ihren Alltag und die Versorgung ihres Kindes zeitlich, emotional und körperlich in Einklang zu bringen. Dabei bleibt es nicht aus, dass der eine oder andere wichtige und lieb gewonnene Bereich zeitweilig zu kurz kommt. Dazu gehört leider sehr oft die Paarbeziehung, die Basis Ihrer Familie.

Wenn aus Paaren Eltern werden, entsteht ein neues Beziehungsgeflecht. Das ideale Bild dafür wäre das eines Dreiecks, in dem alle drei, Mutter, Vater und Kind, jeweils gut funktionierende Zweierbeziehungen miteinander haben, ohne neidisch zu sein oder sich zurückgesetzt zu fühlen (siehe Seite 122).

In der ersten Zeit sieht das aber oft anders aus: Meist entwickeln Mütter eine engere Beziehung zum Kind. Allein die enge körperliche Bindung durch Schwangerschaft und Stillen sorgt dafür. Die junge Mutter sieht zuallererst das Baby und dessen

Bedürfnisse, möchte sich immer ums Baby kümmern, ihm nahe sein, Wärme und Geborgenheit geben. Umgekehrt erfährt die Mutter Bestätigung und Annahme durch die Reaktionen des Babys, seine Bewegungen, Laute, Mimik, später Blicke ...

Dabei kann vieles in den Hintergrund geraten, auch das Interesse an körperlicher Nähe und Sexualität nehmen oft ab. So kann es gerade bei Vätern leicht zu Neid und Eifersucht kommen, wenn sie sich aus dieser Zweisamkeit von Mutter und Kind ausgeschlossen fühlen.

Für Sie als Vater heißt das zweierlei. Einerseits: Damit leben, dass Mütter meist einen Vorsprung an Nähe und Bindung zu Babys haben, und dies ein Stück weit aushalten. Für das Baby ist es großartig, dieses Gutaufgehobensein spüren zu können: Es fühlt sich sicher und geborgen. Hier bei Ihrer Partnerin Ihr »Recht« auf Nähe oder Zuwendung einzufordern würde wahrscheinlich zu Konflikten führen.

Andererseits soll das enge Verhältnis zwischen Mutter und Kind Sie in keiner Weise davon abhalten, selbst eine zärtliche, fürsorgliche, Nähe, Aufmerksamkeit und Zuwendung gebende Beziehung zu Ihrem Kind aufzubauen. Ihr Baby wird schnell lernen, dass es zwei sehr fürsorgliche, »gute« Elternteile hat, und es wird sich doppelt sicher und geborgen fühlen.

Und Ihre Partnerin wird zunehmend verstehen und annehmen, dass auch Sie hier eine wichtige, potenziell gleichwertige Rolle gegenüber Ihrem Kind einnehmen können.

Anders gesagt: Es ist für die ganze Familie das Beste, wenn Sie sich als Vater angesichts der engen Bindung von Mutter und Kind nicht zurückziehen, sondern sich aktiv einbringen. Leider wählen viele Väter hier den Weg des Rückzugs, was das Gefühl des Ausgeschlossenseins verstärkt.

Seien Sie möglichst aufmerksam, geduldig, verständnisvoll, engagiert, auch wenn es nicht immer leichtfällt, und bleiben Sie im steten Gesprächskontakt mit Ihrer Partnerin.

Viele Eltern machen die Erfahrung, dass die Anpassung an die neue Situation als Familie, in Fachkreisen zusammen mit der Schwangerschaft und Geburt auch »Übergang zur Elternschaft« genannt, und die Neuorientierung als Paar nach der Geburt mindestens ein Jahr dauert.

Neid und Eifersucht können jedoch auch umgekehrt entstehen. So kann die Mutter neidisch auf den Vater werden, der weiterhin jeden Tag zur Arbeit geht, Sport macht und seine Freundschaften und Hobbys pflegt, während sie sich weitgehend an das Baby »gefesselt« fühlt.

Um solche Gefühle gar nicht erst aufkommen zu lassen, ist es hilfreich, wenn auch Sie Zeit mit Ihrem Kind verbringen, um Ihre Beziehung zu ihm zu pflegen, und so gleichzeitig Ihrer Partnerin Freiräume verschaffen.

Selbst wenn Sie sich nicht »außen vor« fühlen, kann es eine große Umstellung bedeuten, die Zeit, die Sie vor der Geburt ausschließlich als Paar hatten, nun fast vollständig mit Ihrem Kind zu teilen. Die Freude über das Baby, dessen Entwicklungsfortschritte Tag für Tag, Woche für Woche, kann vieles ausgleichen. Doch viele Paare kommen mit dieser Umstellung nicht leicht zurecht und vermissen in den ersten Monaten mit Kind gemeinsame Aktivitäten wie Kino-, Konzert-, Saunabesuche oder Kneipenabende mit Freunden. Außerdem schlafen sie weniger, reden weniger miteinander, haben seltener Sex. Viele verlieren den inneren Kontakt zueinander und streiten sich häufiger. Die Folge: Viele Paare trennen sich in den ersten Jahren nach der Geburt des ersten oder zweiten Kindes.

Kaum jemand redet darüber, dass das erste Jahr mit Baby auch seine schwierigen Seiten hat. Viele Paare haben das Gefühl »Nur uns geht es so«. Das stimmt nicht! Fast alle Paare machen diese Erfahrung. Kommunikation, Austausch von Zärtlichkeit, Streitverhalten und Beziehungszufriedenheit verändern sich in der Familiengründungsphase oft deutlich zum Negativen. So gaben repräsentativ ausgewählte Väter und Mütter, die in einer Studie (siehe Seite 236) vom letzten Schwangerschaftsdrittel bis zum 34. Lebensmonat ihres Kindes begleitet wurden, an ...

- sich deutlich häufiger zu streiten.
- seltener und weniger intensiv miteinander zu kommunizieren.
- viel weniger körperliche Zärtlichkeiten auszutauschen (wobei Männer ihre Partnerin tendenziell als »lustlos« und Frauen ihren Partner als »drängend« beschrieben).
- unzufriedener mit dem Partner zu sein (wobei die Frauen 34 Monate nach der Geburt deutlich unzufriedener waren als die Männer).

Wenn Sie den Eindruck haben, dass andere Eltern es leichter haben: Fragen Sie diese, wie sie das schaffen. Wie sie ihre Beziehung »pflegen« und wie sie ihren Alltag gestalten. Oft steht hinter entspannten jungen Eltern ein gutes Unterstützungssystem aus Verwandten und Freunden. Lassen Sie sich Tipps geben, wie Sie sich ein ähnliches Netzwerk aufbauen könnten.

Versuchen Sie, den Überblick zu behalten: Ist das Beziehungsdreieck Mutter–Vater–Kind einigermaßen ausgeglichen? Dies im Auge zu behalten, sorgt für mehr Zufriedenheit bei allen Familienmitgliedern. Wie es in Balance bleiben oder wieder kommen kann, erfahren Sie auf den nächsten Seiten.

WARTUNG UND PFLEGE DER PAARBEZIEHUNG

Oft hilft es jungen Eltern zu wissen, dass sie nicht allein sind: Auch bei vielen anderen Paaren leidet die Beziehung unter den Veränderungen, die das Elternsein mit sich bringt. Es ist jedoch sehr wichtig, dass Sie und Ihre Partnerin aktiv etwas dafür tun, dass Sie beide in Ihrer Beziehung zufrieden sind. Dann können Sie an der Herausforderung, Eltern zu sein, als Paar wachsen. Die Energie, die Sie in die »Wartung und Pflege« Ihrer Beziehung stecken, kommt nicht nur Ihnen, sondern auch Ihrem Kind zugute: Seine Entwicklung verläuft positiver, wenn es seine Eltern zufrieden und einander zugewandt erlebt. Es lohnt sich also mehrfach, etwas für Ihre Beziehung zu tun!

Gegenseitige Anerkennung geben

Lob und Wertschätzung machen Menschen glücklich. Positives Feedback motiviert für neue Taten und große Aufgaben, ob im Berufs- oder Privatleben. Die Pflege der Zuneigung und Bewunderung füreinander ist eine der wichtigsten Grundlagen für eine stabile und befriedigende Paarbeziehung. Dies bestätigen Wissenschaftler wie etwa der US-amerikanische Psychologe John Gottman, der vor allem durch seine Arbeiten zur Stabilität von Paarbeziehungen bekannt wurde.

Gerade in der neuen Rolle als Vater oder Mutter, die anfangs oft Unsicherheiten mit sich bringt, ist es wichtig, den Blick auf all das zu richten, was Sie gut machen und was jetzt schon prima klappt. Väter wie Mütter fragen sich immer wieder:

- Bin ich ein guter Vater/eine gute Mutter?
- Bin ich ein guter Partner/eine gute Partnerin?
- Bin ich ein attraktiver Mann/eine attraktive Frau?

Beide wünschen sich nichts sehnlicher als positives Feedback. Aber im anstrengenden Alltag kommen aufbauende Rückmeldungen füreinander häufig zu kurz. Unter Stress geraten die

TIPP

Einander mit Worten streicheln

Nehmen Sie sich eine Stunde gemeinsam Zeit. Schaffen Sie eine gemütliche Atmosphäre, zum Beispiel mit Kerzenlicht und ruhiger Musik, die Sie beide mögen. Nehmen Sie sich jeweils drei Blätter Papier oder drei Karteikarten und schreiben Sie auf, was Sie am anderen schätzen. Berücksichtigen Sie dabei drei Bereiche:
Was schätze, liebe, mag, bewundere ich an dir als ...

- Mann/Frau (Blatt 1).
- Partner/Partnerin (Blatt 2).
- Vater/Mutter (Blatt 3).

Schreiben Sie alles Positive auf, was Ihnen einfällt. Auch scheinbare Kleinigkeiten sind wertvoll! Für den jeweils anderen kann es ganz wichtig sein, dass manche Dinge einmal ausgesprochen werden: »Wirklich, das hast du bemerkt?«, »Wie schön, dass du das sagst« oder »Das ist mir noch nie an mir aufgefallen, aber jetzt, wo du es sagst ...«.
Wenn Ihnen diese Übung gefällt, können Sie sie in regelmäßigen Abständen wiederholen oder immer dann, wenn Ihnen danach ist. Sie kann jedes Mal neue, schöne Aspekte Ihrer Partnerschaft beleuchten oder bekannte unterstreichen.

schönen Momente, die kleinen Freuden, die Sie einander zu verdanken haben, allzu schnell in Vergessenheit. Deshalb ist es besonders wichtig, dass Sie sich gegenseitig Wertschätzung geben, möglichst ganz konkret und aktuell. Suchen Sie im Alltag nach Gelegenheiten, einander kleine Komplimente zu machen – oder nehmen Sie sich einmal extra Zeit dafür!

WERTSCHÄTZUNG FÄNGT IM KLEINEN AN

»Schön, dass du für uns gekocht hast.« – »Danke, dass du mir geholfen hast, das Tragetuch auszuprobieren.« – »Vielen Dank für den freien Abend. Mir hat es sehr gutgetan, mal wieder zum Sport zu gehen.« Wenn es Ihnen aus dem Stand schwerfällt, Ihre Wertschätzung auf diese Weise auszudrücken, machen Sie eine kleine Übung: Lassen Sie abends den Tag kurz in fünf ruhigen Minuten Revue passieren:

- Denken Sie noch einmal an die Momente, in denen Sie sich heute gefreut haben. So »trainieren« Sie, Glücksmomente im Alltag bewusster wahrzunehmen.
- Denken Sie an die Personen, die daran beteiligt waren. So fällt es Ihnen leichter, Wertschätzung dafür auszudrücken.
- Geben Sie Ihrer Partnerin immer wieder Anerkennung. Bleiben Sie dabei authentisch und sagen Sie nur das, was Sie wirklich meinen.
- Äußern Sie eventuelle Anliegen direkt statt als »getarnte« Bedingung von Wertschätzung (»Ich mag dich, wenn du ...«).
- Wenn Sie sich Anerkennung und Wertschätzung für bestimmte Bereiche oder Dinge wünschen, bitten Sie darum. Das ist erlaubt. Ehrlich! Gehen Sie auch auf entsprechende Bitten Ihrer Partnerin ein.

Konstruktiv miteinander reden und streiten

Viele Paare vermeiden Streit, weil sie meinen, ein Streit wäre ein Zeichen dafür, dass es in der Beziehung schlecht läuft. Doch Streit gehört zu jeder Beziehung, auch und gerade zu jeder guten Beziehung. Es kommt auf das Wie an! Ein Schlagabtausch mit »Argument und Gegenargument« gehört nicht in ein wertschätzendes, partnerschaftliches Gespräch. Es geht nicht darum, ob einer recht hat oder behält oder gar, ob einer »gewinnt«.

Es geht vielmehr darum, persönliche Erfahrungen, unterschiedliche Sichtweisen und Einschätzungen voneinander zu hören. So lernen Sie einander noch besser kennen und Sie verstehen einander besser. Argumente gehören zum negativen Streiten, sie sind echte Beziehungskiller. Es gibt verschiedene Ratgeber für Paare, die Sie dabei unterstützen können. Wenn die Kommunikation als Paar schwierig wird, können Sie einen Termin zur Paarberatung zum Beispiel bei pro familia oder anderen Beratungsstellen in Ihrer Nähe vereinbaren.

Feste Zeiten für die Partnerschaft vereinbaren

In einer Zeit, in der sich so viel ändert, hat es sich bei vielen Paaren bewährt, sich feste Zeiten füreinander frei zu halten. Vereinbaren Sie einen Termin pro Woche. Zum Beispiel einen regelmäßigen Spaziergang am Sonntagnachmittag mit Kind, einen Abend, an dem ein Babysitter auf Ihr Kind aufpasst und Sie gemeinsam ausgehen. Oder ein Abend zu Hause, an dem der Fernseher und Computer aus und die Telefone stumm bleiben und Sie Aufmerksamkeit füreinander haben.

Das kleine 2 × 5 partnerschaftlicher Kommunikation

Fünf Regeln zum Sprechen:

1. Reden Sie von sich! Sagen Sie, was Sie sich wünschen, statt sich gegenseitig zu beschuldigen. Benutzen Sie das »Ich«, nicht das oft anklagend wirkende »Du«. Sagen Sie: »Ich ärgere mich, weil es keine Milch gibt« statt »Du hast die Milch vergessen! Du weißt doch, dass ich meinen Kaffee nicht ohne Milch mag!«.

2. Seien Sie offen und ehrlich! Zeigen Sie sich, wie Sie sind – mit Ihren Stärken und Schwächen. Taktieren Sie nicht. Mit ehrlichen Menschen lebt es sich besser – das merken ganz besonders Kinder. »Ach, Mist! Ich habe die Milch vergessen. Entschuldige bitte« statt »Ähm, die Milch war ausverkauft«.

3. Konkreter Anlass, keine Verallgemeinerungen! Bleiben Sie bei konkreten Situationen. Ein »immer« oder »schon wieder« löst meist Ablehnung aus und lenkt von dem ab, worum es Ihnen gerade geht. Vermeiden Sie also Aussagen wie: »Immer vergisst du die Dinge, die mir wichtig sind!«

4. Keine alten Geschichten! Bleiben Sie bei aktuellen Ereignissen. Das Auftischen gesammelter Enttäuschungen steigert das Unwohlsein und lenkt vom eigentlichen Thema ab. »Letzte Woche hast du auch schon den Zucker vergessen …«

5. Verhalten ist nicht gleich Eigenschaft. Aussagen wie »typisch …!« schreiben dem anderen negative Eigenschaften zu und lassen keinen Raum zur Veränderung. Bleiben Sie bei einem konkreten Verhalten. Die »Umwandlung« in Eigenschaften ist sehr verletzend und ruft Widerspruch hervor.

TIPP

Fünf Regeln zum Zuhören:

1. Hören Sie aufmerksam zu, statt zu argumentieren! Unterbrechen Sie sich nicht gegenseitig. Zeigen Sie durch Nachfragen Interesse. Fällt Ihnen das schwer, vereinbaren Sie Redezeiten von maximal drei Minuten, in denen jeweils eine/r redet und der/die andere zuhört.

2. Sagen Sie es in Ihren Worten. Wiederholen Sie das, was Sie gehört haben, kurz in eigenen Worten. So vermeiden Sie Missverständnisse. Wenn Ihr Gegenüber nach Ihrem Empfinden nicht auf den Punkt kommt, fragen Sie nach. Vermeiden Sie Urteile oder Bewertungen!

3. Probleme wollen gehört werden. Werden Probleme geäußert, versuchen Sie nicht, sie wegzureden, zu verharmlosen oder Ihre eigenen dagegenzuhalten. Es wird auch nicht immer eine Lösung von Ihnen erwartet. Allein ein offenes Ohr kann schon viel zu einer Klärung beitragen.

4. Wertschätzung zeigen und gemeinsame Lösungen finden. Loben Sie einander für Ihre Offenheit! Auch Ärger ist ein wichtiges Gefühl, durch das Sie viel voneinander lernen können. Insbesondere dann, wenn Ihnen nicht klar war, dass Ihr Verhalten oder Unterlassen Ihre Partnerin so ärgert, ist es gut, das zu sagen: »Tut mir leid, ich hab nicht dran gedacht. Gut, dass ich jetzt weiß, wie wichtig dir die Milch ist. Lass uns doch in Zukunft versuchen, gemeinsam daran zu denken ...« So ein wohlwollender Umgang hilft Eskalationen zu vermeiden und gemeinsam Lösungen zu finden.

5. Bleiben Sie bei der Sache. Wenn Sie abgelenkt sind, sagen Sie es möglichst sofort! Wenn Sie nicht richtig zuhören können, können Sie wichtige Mitteilungen verpassen und Ihr Gegenüber kann sich missachtet fühlen. Bitten Sie um eine Pause und beseitigen Sie die Störung.

Im oft hektischen Alltag ist es beruhigend zu wissen, dass Sie an einem festen Termin besprechen können, was Ihnen auf den Nägeln brennt. Sie können sich auch eine Themenliste machen. Beginnen Sie mit solchen regelmäßigen Gesprächen am besten bereits vor der Geburt Ihres Kindes. So können Sie den passenden Rahmen für sich suchen – schließlich bietet auch die Schwangerschaft schon genügend Gesprächsstoff.

- Verabreden Sie Rituale für einen klaren Anfang und ein eindeutiges Ende Ihrer Paargespräche.
- Berichten Sie sich zum Beispiel zu Beginn gegenseitig kurz, wie es Ihnen geht, worum Ihre Gedanken kreisen. Achten Sie dabei bewusst auch auf die positiven Dinge in Ihrem Leben.
- Blicken Sie gemeinsam kurz zurück auf die Zeit, die seit dem letzten Gespräch vergangen ist: »Was war gut, was hätte besser sein können?«
- Versuchen Sie während des gesamten Gesprächs vor allem, einander zuzuhören.
- Fragen Sie interessiert und ernsthaft nach, kommentieren Sie die Worte des anderen interessiert: »Wie meinst du das?« »Ach so, das wusste ich gar nicht, dass es dir so geht. Kannst du es mir noch genauer erklären?« »Ehrlich? Wow, so hatte ich das noch gar nicht gesehen!«
- Ist alles geklärt? Schauen Sie sich in die Augen und lassen Sie sich einen Satz durch den Kopf gehen wie »Zwischen dir und mir ist alles in Ordnung!«. Stimmt das? Gibt es noch etwas zu klären, jetzt oder später?
- Beenden Sie Ihr Gespräch damit, einander zu sagen, was Sie am anderen mögen, machen Sie einander Komplimente und tanken Sie sich auf diese Weise gegenseitig auf.

Aufgaben- und Zeitverteilung

Vertrauen und gemeinsame Regeln sind eine wichtige Grundlage, um die mit der Geburt notwendige neue Aufgaben- und Zeitverteilung gut klären zu können. Wie Sie Ihre Aufgaben und Zeiten verteilen, hat großen Einfluss auf Ihre Partnerschaft. Wenn einer häufig das Gefühl hat, dass der andere viel mehr Zeit für sich, für die Kinder, Freunde oder Beruf hat, macht das auf Dauer unzufrieden. Eine Paarbeziehung lebt aber nicht zuletzt davon, dass beide Partner sich in ihr gut aufgehoben fühlen – und dazu gehört auch das Gefühl, seine Persönlichkeit, seine Interessen und Fähigkeiten leben zu können.

Viele kinderlose Paare verabreden heute eine weitgehend gleichberechtigte Aufgabenverteilung im Haushalt und beim Geldverdienen. Mit der Geburt des ersten Kindes ändert sich das aber nach wie vor bei vielen Eltern. Vielfältige Rahmenbedingungen, wie ein ungleiches Lohnniveau zwischen Frauen und Männern und teils auch der tief verwurzelte Irrglaube an eine naturgegebene Rollenverteilung, sorgen immer noch dafür, dass in den meisten Familien überwiegend die Mutter den Haushalt und die Kindererziehung übernimmt und der Vater der Erwerbsarbeit nachgeht. Dabei erleichtern es Elterngeld und Elternzeit in Deutschland vielen Vätern mittlerweile, eine klassische Rollenverteilung zumindest im ersten Lebensjahr des Kindes zu durchbrechen. So ist die Zahl von Vätern in Elternzeit in nur wenigen Jahren deutlich gestiegen und mit ihr die gesellschaftliche Akzeptanz von Erziehungszeiten für Väter.

Doch auch trotz dieser Regelungen erscheint die »klassische« Verteilung der Aufgaben vielen jungen Eltern zunächst als einfacher. Mittelfristig führen sie jedoch bei vielen Eltern zu Unzufriedenheiten: Mütter wollen ihr berufliches Engagement weiterverfolgen und Väter wollen ihre Kinder nicht nur morgens beim Aufwachen, beim Zubettgehen und am Wochenende erleben. Wie Sie sich als Vater stärker in der Erziehung engagieren können und was Sie, Ihre Partnerin, Ihre Kinder und Ihre Paarbeziehung dabei gewinnen können, erfahren Sie ab Seite 150.

Doch unabhängig davon, für welche Aufgabenverteilung Sie beide sich entscheiden: Es ist wichtig, dass Sie die Zeit als Familie bewusst planen und keine Modelle übernehmen, die Ihnen nicht entsprechen. Ihr Alltag war bisher sicherlich auch ohne Kinder gut ausgefüllt – mit der Geburt eines Kindes kommen viele neue Aufgaben hinzu. Nun heißt es umverteilen und in anderen Aufgabenbereichen kürzen, damit Sie und Ihre Partnerin ausreichend Zeit finden für Ihr Kind – und auch für sich selbst. Die Übung auf Seite 182 und 183 unterstützt Sie dabei, den Elternalltag bewusst zu planen, damit alle Familienmitglieder möglichst zufrieden durch den neuen Lebensabschnitt gehen können.

Nutzen Sie möglichst die Wochen vor der Geburt um eine Vorstellung zu entwickeln, wie Sie das Leben mit Baby organisieren wollen. Wenn Ihr Kind geboren ist, haben Sie dafür nur noch wenig Zeit. Dann gilt es vielmehr, Ihre Planungen an die nun eingetretene Realität des Lebens mit Kind anzupassen.

Zeit für Zweisamkeit schaffen

Viele junge Eltern klagen darüber, dass sie kaum noch Zeit für sich und die Beziehung haben. Neben einer guten Zeitplanung helfen Ihnen noch weitere Alltagsstrategien dabei, sich nicht vom Elternsein »auffressen« zu lassen und sich auch gemeinsame Freizeit als Paar zu bewahren:

- Gewöhnen Sie Ihr Kind frühzeitig an weitere konstante Bezugspersonen, die Sie ab und zu »vertreten«.
- Suchen Sie Eltern mit etwa gleich alten Kindern in Ihrer Nähe, um mit ihnen abwechselnd auf die Kinder aufzupassen.
- Richten Sie sich einen festen Paarabend in der Woche ein, der frei bleibt von Hausarbeit, Fernsehen, Computer und so weiter.
- Nutzen Sie hin und wieder einen Lieferservice, um die Zeit, die Sie fürs Kochen sparen, in Ihre Beziehung zu investieren.
- Solange Ihr Kind noch mit im Elternschlafzimmer schläft, nutzen Sie das Kinderzimmer als babysachenfreies Paarzimmer (siehe Seite 144).

Zeitverteilung vor der Schwangerschaft und nach der Geburt

1. Schritt: Vor der Schwangerschaft Laden Sie sich unter www.papa-handbuch.de/download die »Zeitkuchen« herunter und drucken Sie sich zwei Exemplare aus. Nun tragen Sie und Ihre Partnerin, jeweils getrennt voneinander, in der Tabelle auf Blatt 1 zunächst die Stunden pro Arbeitstag (ohne Wochenenden) in die erste Zeitspalte ein, die Sie für die jeweiligen Tätigkeitsbereiche vor der Schwangerschaft aufgewendet haben. Wenn Sie bestimmte Tätigkeiten nicht täglich ausführen, schätzen Sie einfach, wie viel Zeit diese auf einen Tag heruntergerechnet ausmachen würden.

Ordnen Sie in Abstimmung mit Ihrer Partnerin jedem Bereich eine Farbe zu und tragen Sie die Zeitabschnitte nun im Tortendiagramm ein, es besteht aus 24 Segementen – eins für jede Stunde des Tages.

2. Schritt: Nach der Geburt Nun gilt es, die Versorgung Ihres Kindes mit einzuplanen. Tragen Sie daher in der Tabelle auf Blatt 2 ein, wie Sie sich wünschen, Ihre Zeit als Vater ab etwa zehn Wochen nach der Geburt aufzuteilen. Bedenken Sie: Ihr Kind braucht rund um die Uhr Betreuung, die Sie aber auch oft mit anderen Aufgaben kombinieren können. Machen Sie diesen Schritt zunächst auch ohne Ihre Partnerin. Ordnen Sie die gleichen Farben wie auf Blatt 1 zu und tragen Sie die Zeiten wieder als farbige Tortenstücke in das Tortendiagramm für die Zeit nach der Geburt ein. Versuchen Sie nicht, akribisch nach Minuten zu rechnen, sondern machen Sie die Zuordnung spontan. Was zählt, ist Ihr Eindruck.

Beschreiben Sie Ihrer Partnerin die Übung. Geben Sie ihr je eine Kopie der Blätter 1 und 2. Wenn Sie die Übung parallel machen,

TIPP

haben Sie eine gute Grundlage für Ihre gemeinsame Zeit- und Aufgabenplanung. Wenn Sie beide Ihre Zeiteinteilung zunächst getrennt voneinander machen, vermeiden Sie, sich gegenseitig zu korrigieren. Achten Sie dabei beide besonders darauf, was Ihnen in Ihrem bisherigen (kinderlosen) Leben besonders wichtig für Ihre ganz persönliche Zufriedenheit war (zum Beispiel Sport, Treffen mit Freunden).

3. Schritt: Passt alles zusammen? Wenn Sie beide Ihre Diagramme fertig haben, setzen Sie sich zusammen und betrachten Sie Ihre Planungen für die Zeit mit Kind unter den folgenden Gesichtspunkten:

- Ist die Versorgung unseres Kindes zeitlich gewährleistet?
- Wie wollen wir die Familien- und Erwerbsarbeit aufteilen?
- Haben wir Zeit für uns als Paar eingeplant?
- Haben wir an individuelle Freizeit und Erholung gedacht?
- Wie zufrieden sind wir jeweils mit der Aufteilung?
- Wo können wir nachbessern? Wo ist zeitliche »Manövriermasse«?

Wenn Sie das Gefühl haben, dass an einer Stelle etwas nicht stimmt, planen Sie gemeinsam neu. Nutzen Sie hierfür Blatt 3 mit den gemeinsamen Tortendiagrammen. Bedenken Sie, dass das Produkt, das Sie am Ende in der Hand halten, ein Abbild Ihrer Wünsche ist. Die Realität im Alltag mit Kind sieht oft ganz anders aus. Dennoch ist es gut, wenn Sie sich bewusst machen, was Ihnen bereits jetzt für Ihre Elternschaft wichtig ist. In Situationen, in denen Sie das Gefühl haben »Das habe ich mir aber alles ganz anders vorgestellt!«, können Sie Ihre Pläne noch einmal zur Hand nehmen und gemeinsam überlegen, wie Sie Ihren Wünschen etwas näher kommen.

SEXUALITÄT NACH DER GEBURT

Schwangerschaft und Geburt können die Sexualität stark verändern, bei Frauen wie bei Männern. Wichtig ist, dass Sie sich gemeinsam auf die neue Situation einlassen. Sich frustriert oder überrumpelt zurückziehen hilft nicht. Offene Gespräche, Verständnis und Experimentierfreude sind jetzt angesagt.

Ursachen für Veränderungen

Manche Frauen fühlen sich bereits in der Schwangerschaft in ihrem veränderten Körper unwohl. Noch mehr Frauen geht es vor allem nach der Geburt so – und wer sich unwohl fühlt, hat meist wenig Lust auf Sex. Aber auch an der sexuellen Lust von Männern gehen Schwangerschaft und Geburt oft nicht spurlos vorüber.

KÖRPERLICHE UMSTELLUNG UND NEUORIENTIERUNG

Viele Frauen, die geboren haben, leiden noch Wochen und Monate unter den Folgen von Rissen oder Schnitten im Bereich von Scheide, Damm und Anus oder müssen sich von einem Kaiserschnitt erholen.

Die Narben schmerzen oder das Gewebe ist noch so empfindlich, dass die Frauen oft Angst vor Berührungen haben. Auch der Wochenfluss lässt bei vielen Paaren wenig sexuelle Lust aufkommen. Er ist in den ersten Tagen blutig-dickflüssig, bis er sich nach etwa drei Wochen zu einem hellbraunen Ausfluss wandelt und dann versiegt. Quelle des Wochenflusses ist die Wunde in der Gebärmutter, die durch die Ablösung der Plazenta entstanden ist.

Während der Zeit der körperlichen Heilung haben viele Frauen wenig oder kein Verlangen nach sexuellen Aktivitäten und sind eher empfänglich für liebevolle Sorge und Pflege und Streicheleinheiten außerhalb des Genitalbereichs. Sollten Sie aber beide bald nach der Geburt wieder Lust auf Sex haben, müssen Sie sich vom Wochenfluss nicht abhalten lassen. Er besteht aus Schleim und Blut. Beides kommt direkt aus dem Körper und ist, wenn keine Krankheiten vorliegen, sauber.

Aber: Durch die Geburt hat Ihre Partnerin noch offene Wunden, feine Haarrisse im Bereich der Schamlippen und insbesondere in der Gebärmutter, an der Stelle, wo die Plazenta haftete. In diese Wunden sollten keine Keime gelangen. Deshalb seien Sie beide, wenn Sie in den ersten Tagen und Wochen nach der Geburt miteinander schlafen wollen, sehr gründlich mit Ihrer Körperhygiene. Benutzen Sie zudem vorsichtshalber ein Kondom, um Ihre Partnerin vor Infektionen zu schützen.

NEUE FREUDEN, NEUE SORGEN

Erogene Zonen können sich verändern: Eine stillende Brust kann empfindlich-erogen oder überempfindlich-unerogen sein. Grundsätzlich gilt: Sobald Sie beide Lust auf Sex haben, ist auch sehr bald nach der Geburt erlaubt, was gefällt. Seien Sie jedoch behutsam miteinander und machen Sie nichts, ohne es vorher gemeinsam abzustimmen. So vermeiden Sie unangenehme Überraschungen, körperliche und seelische Verletzungen.

Denken Sie außerdem auch daran, dass Ihre Partnerin schon kurz nach der Geburt wieder fruchtbar sein kann!

Viele Frauen brauchen nach der Geburt längere Zeit, um sich in ihrem Körper wieder »zu Hause« zu fühlen und ihn in seiner vielleicht veränderten Form anzunehmen und lieben zu lernen. Manche Frauen fühlen sich in den ersten Wochen und Monaten nach der Geburt dick und unattraktiv und auf die Funktion als »Versorgungseinheit« reduziert. Wer mit sich selbst so unzufrieden ist, befürchtet meist offene, verdeckte oder auch unterdrückte Kritik anderer. Viele Frauen haben daher Angst vor intimen, sexuellen Situationen, weil sie fürchten, ihrem Partner nicht mehr zu gefallen und für ihn unattraktiv zu sein.

Oft kritisieren Frauen an sich selbst herum, wo es scheinbar nichts zu kritisieren gibt. Kleine »Makel« sind dem Partner oft egal, gar nicht bewusst oder er findet sie sogar anziehend. Sagen Sie Ihrer Partnerin spontan immer wieder, was Sie an ihr schön finden, dass sie sich gut anfühlt, gut duftet, ihre Stimme toll klingt … und dass Sie sie lieben.

Übrigens: Werdende Väter nehmen während der Schwangerschaft der Partnerin durchschnittlich vier Kilo zu. Die Gründe dafür sind unklar: Kommen die Männer mehr zur Ruhe, joggen abends eine Runde weniger und trinken ein Bier mehr? Vermutlich tragen auch hormonelle Veränderungen hierzu bei. Der Testosteronspiegel sinkt bei werdenden und frischgebackenen Vätern – der Oxytocinspiegel (Bindungs- und Fürsorgehormon) steigt. Vermutlich spielen alle hier genannten Faktoren sinnvoll zusammen, quasi als gutes Zeichen: »Wir bereiten uns beide gedanklich, praktisch, emotional und hormonell auf das Elternwerden vor.« Körperliche Veränderungen zeigen das an, bei ihr ebenso wie bei ihm. Deshalb: Nehmen Sie die Veränderungen, die Schwangerschaft, Geburt und erste Zeit mit Kind mit sich bringen, liebevoll an!

SEELISCHE NARBEN UND SCHLECHTES GEWISSEN

Wenn der Stress der Geburt und die damit oft verbundenen existenziellen Sorgen für Sie sehr belastend waren, können bei Ihnen beiden seelische Narben zurückbleiben. Auch diese können es schwer machen, sich im eigenen Körper und mit der gemeinsamen Sexualität wieder zurechtzufinden.

Manche Männer, die die Geburt ihres Kindes miterlebt haben, sind erstaunt und schockiert darüber, welche Schmerzen und in manchen Fällen auch welche Eingriffe von außen ihre Partnerin bei der Geburt aushalten musste. Sie fühlen sich mitverantwortlich und manchmal auch schuldig für die Unannehmlichkeiten, die sie durchstehen musste. Das kann dazu führen, dass die eigene sexuelle Lust gedämpft wird.

LUSTDÄMPFER »BABYBLUES«

Dass eine vom »Babyblues« oder einer Wochenbettdepression (ab Seite 145) betroffene Frau über einen mitunter langen Zeitraum hinweg wenig sexuelles Interesse zeigt, mag für ihren Partner zusätzlich eine Herausforderung sein. Aber durch ungeduldiges Fordern entfernen Sie sich eher von Ihrem »Ziel« und von Ihrer Partnerin. Versuchen Sie stattdessen zu einem angenehmen Ambiente und zu einer »warmen« Atmosphäre für Sie als Paar beizutragen. Zeigen Sie Ihrer Partnerin in einer positiven Grundstimmung, dass Sie sie attraktiv finden, ohne sie zu sexuellen Aktivitäten zu drängen.

Wenn Sie das Gefühl haben, dass durch das Auseinanderdriften Ihrer gemeinsamen sexuellen Bedürfnisse Ihre Partnerschaft gefährdet ist, kann professionelle Hilfe Ihnen beiden weiterhelfen. Einige Adressen und Internettipps finden Sie ab Seite 237.

SCHLAFENTZUG UND ALLTAGSSORGEN ALS LUSTKILLER

Werden Sie als Eltern nachts stark von Ihrem Kind gefordert, wirken sich die Erschöpfung auch auf Ihre sexuelle Lust aus – wer tobt schon gerne völlig übermüdet durch die Betten?

Wenn Sie einmal zeitgleich Lust aufeinander haben, kann es passieren, dass Ihr Kind aufwacht und Ihre Aufmerksamkeit einfordert. Das kann nerven, geht aber vorbei. Wenn die Geburt Ihres Kindes mit zusätzlichen Belastungen, wie einem Umzug oder beruflichen Veränderungen, zusammenfällt, wird auch dies nicht spurlos an Ihrer Sexualität vorübergehen.

Falls Sie als Eltern also sexuell weniger aktiv sind als früher, dann machen Sie sich keine Sorgen: Sie sind normal!

Am Ball und im Gespräch bleiben

Wenn Sie oder Ihre Partnerin sich körperlich und sexuell vernachlässigt fühlen, überlegen Sie gemeinsam, was und wie viel an Sexualität Ihnen beiden guttun würde. Dabei ist es wichtig, behutsam miteinander umzugehen, einander weder zu drängen noch für Wünsche zu verurteilen. Versuchen Sie beide so offen wie möglich miteinander zu sein.

Stellen Sie Ihr Gespräch unter das Motto: »Alle Wünsche sind okay. Das heißt aber nicht, dass ich sie befriedigen muss!«

Schaffen Sie sich deshalb regelmäßig gemeinsam Raum für Ihre Sexualität. Nehmen Sie sich Zeit, sich langsam und behutsam wieder aneinander heranzutasten. Um sich die Leichtigkeit und die Lust am »Probieren« zu erhalten, ist es ganz wichtig, die gegenseitigen und die eigenen Grenzen zu respektieren und in liebevollem Ton mitzuteilen.

GEMEINSAME FORSCHUNGSREISEN

Sehen Sie es als gemeinsame Herausforderung, sich und Ihre Partnerin nach der Geburt Ihres Kindes sexuell neu zu entdecken. Verbünden Sie sich zu einem Forschungsteam, das eine Expedition in ein früher oft besuchtes Land wagt, das sich verändert hat. Dafür sollten Sie Absprachen treffen. Um sich selbst und Ihre Partnerin zu entlasten und einen gemeinsamen Ausgangspunkt für Ihre Forschungsreise zu schaffen, sollten Sie gemeinsam klare Regeln festlegen. Regeln geben Ihnen beiden Sicherheit und machen es möglich, auch einmal die »Reißleine« zu ziehen, ohne dass die Expedition zu scheitern droht.

TIPP

Anregungen für die gemeinsame Sexualität

- Körperkontakt muss nicht sexuell sein! Wenn Sie einander zum Beispiel zärtlich massieren, sollte das mit Entspannung und nicht mit Forderungen verbunden sein, die eine(r) nicht erfüllen mag oder kann.
- Es ist in Ordnung, zu jedem Zeitpunkt und ohne schlechtes Gewissen aus dem Liebesspiel auszusteigen.
- Erotik kann weit mehr sein als das bisher Gewohnte. Auch die sexuelle Spannung bei einer erotischen Begegnung nicht zu »entladen«, sondern sie in sich zu behalten kann eine bereichernde Erfahrung sein.
- Diese Haltung zur Sexualität ist hilfreich: »Es tut gut zu wissen, dass ich begehrt werde, und ich muss dafür keine Gegenleistung erbringen.« »Ich muss mich für meine Lust oder Unlust nicht schämen. Sie ist da, sie ist okay und gemeinsam machen wir das Beste draus.«
- Äußern Sie eventuelle Unstimmigkeiten möglichst direkt, aber behutsam, ohne anzuklagen. Sprechen Sie dabei immer von sich: »Ich mag nicht, wenn …«, »Es tut mir weh, wenn …« statt »Wenn du … machst, finde ich das blöd«.

VERANTWORTUNG FÜR DIE LIEBESBEZIEHUNG ÜBERNEHMEN

In dem Buch »Vater sein und Mann bleiben« des verstorbenen dänischen Familientherapeuten Jesper Juul heißt es, der Mann solle, nachdem ein Kind geboren ist, in der Paarbeziehung die Rolle des »Liebesministers« einnehmen. Eine gute Idee! Der Hintergrund: Durch den engen, symbiotischen Kontakt zwischen der frischgebackenen Mutter und dem neugeborenen Baby sah auch Juul in seiner Praxis, dass Mütter ihre Partner als Liebespartner aus dem Blick verlieren.

Juul schlug hier das »Amt« des »Liebesministers« vor. Der Mann soll die Partnerschaft im Blick behalten und dafür sorgen, dass die Liebesbeziehung sichtbar bleibt, indem er für einen Rahmen sorgt, der dem Paar angenehm ist:

Wie hat sich das Paar wohlgefühlt, bevor das Kind ins Spiel kam? Standen etwa Blumen auf dem Tisch? Wenn ja, dann stellen Sie wieder Blumen auf den Tisch. Was gehörte zu einer schönen, anregenden, erfüllenden Stunde der Zweisamkeit?

Denken Sie darüber nach und schaffen Sie die Voraussetzungen dafür, dass Zweisamkeit für Sie beide auf angenehme Art und Weise möglich wird. Erinnern Sie Ihre Partnerin daran, möglichst elegant und/oder humorvoll… da war doch mal was? War das nicht auch recht schön?! Fragen Sie Ihre Partnerin, was ihr helfen würde, sich wieder auf mehr Zweisamkeit und körperliche Nähe einzulassen.

Die Idee des »Liebesministers« ist ein Vorschlag für eine Herangehensweise, für ein »sich verantwortlich fühlen«. Und ein Ministeramt ist fast immer ebenso verantwortungs- wie anspruchsvoll. Wenn Sie die Idee reizvoll finden – zum Minister ernennen dürfen Sie sich selbst.

LASSEN SIE SICH UND IHRER PARTNERIN ZEIT

Sex soll allen Beteiligten Spaß machen und keine Last sein! Die folgenden Tipps können Ihnen helfen, sich einander langsam wieder anzunähern.

- Überlegen Sie, wie Sie Schwangerschaft und Geburt erlebt haben und welche Ereignisse Ihre Sexualität beeinflussen.
- Seien Sie offen und spielen Sie miteinander.
- Gehen Sie neugierig, aufgeschlossen und wertschätzend auf die aktuellen Veränderungen in Ihrem Leben ein. Dazu gehört auch, sich vorsichtig, rücksichts- und liebevoll wieder körperlich anzunähern.
- Verabreden Sie feste Abende, die Sie Ihrer Sexualität widmen – das heißt nicht, dass Sie dann miteinander schlafen müssen, nur, dass Sie füreinander Zeit haben.
- Gehen Sie vorbehaltlos und ohne Erwartungen in diese Abende. Freuen Sie sich über das, was Sie gemeinsam erleben und voneinander erfahren.
- Geben Sie sich Wertschätzung! Auch wenn Sie derzeit unzufrieden sind – Sexualität ist nur ein Teil Ihrer Beziehung.
- Wenn Sie zu Hause momentan nicht entspannen können, organisieren Sie einen Babysitter und gehen Sie zusammen in ein schönes Hotel.
- Gehen Sie offen mit Selbstbefriedigung um. Vielleicht können Sie es in Ihr gemeinsames Liebesspiel integrieren, sich auch selbst zu streicheln? Es ist aber auch völlig okay, dabei diskret für sich zu bleiben. Vielleicht hilft es Ihrer Partnerin auch, wenn Sie sie ermutigen, ihre Sexualität erst einmal für sich allein neu zu entdecken.

- Für den Sex allein und zu zweit gibt es eine Menge Hilfsmittel und Spielzeuge. Seien Sie mutig und probieren Sie auch mal was Neues aus.
- Anbieter von Frauen-, Männer- und Paarseminaren zum Thema Sexualität, die helfen können, den »Fluss von Liebe und Sex« wieder ins Fließen zu bringen, finden Sie im Internet (zum Beispiel www.bewusster-lieben.de).
- Auch Gespräche mit guten Freundinnen und Freunden können Ihnen beiden helfen, Ihre Situation und Ihr Wünschen klarer zu bekommen, zu äußern und Lösungen zu finden.

UNGEWÖHNLICHE KONZEPTE UND GANZ ANDERE IDEEN

Falls Sie emotionale oder erotische Beziehungen zu anderen Menschen eingehen wollen – sei es, weil Sie sich in eine weitere Person verlieben oder Ihre Partnerin und Sie deutlich unterschiedliche sexuelle Interessen haben –, reden Sie darüber. Am besten, bevor Sie eine solche Beziehung eingehen, anstatt heimlich Außenbeziehungen zu führen. Vielleicht sehen Sie gemeinsam Möglichkeiten, einen solchen Schritt im gegenseitigen Einvernehmen zu gehen.

Die Vorstellung, offen und im Einverständnis aller Beteiligten emotionale und erotische Beziehungen zu weiteren Personen einzugehen, erscheint anspruchsvoll. Und das ist sie auch! Eine Beziehungsöffnung verlangt von allen Beteiligten ein hohes Maß an Reflexions- und Auseinandersetzungsvermögen und den Willen dazu. Sie kann jedoch auch eine Möglichkeit sein, eine Trennung von der Partnerin oder dem Partner und damit dem anderen Elternteil des gemeinsamen Kindes zu vermeiden, vor allem, wenn für sie oder ihn immer noch liebevolle

Gefühle vorhanden sind. Selbstverständlich sollten Kinder achtsam und verantwortlich in eine solche neue Beziehungsform integriert werden. Weitere Informationen zu alternativen Beziehungskonzepten, wie der hier beschriebenen Polyamorie, finden Sie unter www.polyamory.de und www.polyamorie.de.

SIE SIND NICHT ALLEIN – HOLEN SIE SICH HILFE!

Wenn Sie – als Vater oder als Elternpaar – das Gefühl haben, es läuft nicht mehr so, wie Sie es sich wünschen, etwas hat sich in einer Weise verändert, dass Sie finden, es sollte nicht dauerhaft so sein; wenn Sie etwa Ihrer Beziehungszufriedenheit auf einer Skala von eins bis zehn nur noch fünf bis sechs Punkte geben, Sie aber wieder auf acht oder neun von zehn Punkten kommen wollen, dann kann es hilfreich sein, sich an eine professionelle Beratungsstelle zu wenden; als Paar oder auch alleine. pro-familia-Beratungsstellen etwa gibt es bundesweit. Darüber hinaus bieten viele weitere Stellen in öffentlicher Trägerschaft oder bei den Wohlfahrtsverbänden oder Kirchen qualifizierte Beziehungs-, Erziehungs- und Sexualberatung an (www.familienplanung.de, www.profamilia.de).

Getrennte Wege, gemeinsame Aufgaben

Oft läuft das Leben nicht so wie gedacht. Bezogen auf Vaterschaft kann das bedeuten, ungeplant und ungewollt Vater zu werden mit einer Frau, mit der Sie nicht zusammen sind oder sein wollen. Es kann aber auch bedeuten, sich von der Partnerin, mit der Sie Elternteil sind oder werden, zu trennen. Beide Situationen können das Leben (als Vater) ziemlich radikal auf den Kopf stellen. Wie Sie sich auf Ihr Leben als Vater so gut wie möglich vorbereiten, dies auch dann ausfüllen können, wenn keine Partnerschaft (mehr) mit der Mutter Ihres Kindes besteht, und wie Sie mit ihr zu konstruktiven Lösungen kommen können, lesen Sie in diesem Abschnitt.

UNGEPLANTE VATERSCHAFT

Nicht immer sind die Rahmenbedingungen des Vaterwerdens und -seins so wie im Bilderbuch der »glücklichen Familienideale«. Das heißt auch: Nicht für jeden Mann ist es eine erfreuliche Nachricht, wenn er erfährt, dass er Vater wird – auch und vor allem, wenn er eigentlich nicht beabsichtigt, mit der Frau lange Zeit verbunden zu bleiben, die da jetzt durch den Sex mit ihm schwanger ist. Ungeplant Vater zu werden kann irritieren, verstören, einen mächtig durcheinanderbringen und manch einen bald an einen Punkt führen, an dem er sich eingesteht: Jetzt weiß ich nicht mehr weiter.

Wie häufig Männer ohne klaren Wunsch und ungeplant Väter werden, ist nicht bekannt, Statistiken dazu gibt es nicht. Aus unserer Beratungspraxis wissen wir jedoch von vielen Männern, die Rat zu ungeplanter Vaterschaft suchen. Und diese sind vermutlich nur die Spitze des Eisbergs. Denn wahrscheinlich suchen die meisten betroffenen Väter keine Beratungsstelle auf.

Grundsätzlich sind Schwangerschaftskonfliktberatungsstellen aber die richtigen Anlaufstellen für Männer, die ungeplant und ungewollt Väter werden. Hier geht es nicht nur darum, Beratungsscheine für Schwangerschaftsabbrüche auszustellen, sondern vor allem darum, Menschen in Schwangerschaftskonflikten – und dazu gehören auch die betroffenen Männer – Unterstützung anzubieten. Bei Männern steht dabei vor allem im Vordergrund, damit zurechtzukommen, dass sie selbst nicht entscheiden können, ob die Schwangerschaft fortgesetzt wird oder nicht. Denn hierüber kann und darf nur die Frau selbst entscheiden.

Diese Entscheidung hat aber durchaus erhebliche Auswirkungen auf das weitere Leben des Mannes. Und für manche Männer bedeutet das eine konflikthafte Situation. Dann gilt umso mehr: Ruhe bewahren! Das steht auf den roten Hinweisschildern in Aufzügen: Wenn der Aufzug stecken bleibt, sollen die Insassen nicht in Panik geraten, sondern Ruhe bewahren und mit kompetenten Personen sprechen. Das gilt auch hier. Also: Reagieren Sie nicht übereilt. Vielleicht sind Sie schockiert, sicherlich überrascht und dabei gehen Ihnen unendlich viele Gedanken durch den Kopf: »Das wollte ich nicht. Jetzt nicht. So nicht. Nicht mit dieser Frau. Ich bin nicht in der Situation, jahrzehntelang Verantwortung für ein Kind zu übernehmen. Ich bin nicht bereit dafür, Vater zu werden, noch weniger dazu, Vater zu sein.« Und so weiter. Dazu kommt ein ganzer Wust an unguten Gefühlen: Wut, Verletzung, Ratlosigkeit. Ein großes Durcheinander, das schwer im Magen liegt.

Verantwortung annehmen

Es ist vollkommen okay, sich orientierungslos zu fühlen! Brüten Sie dies alles möglichst nicht alleine aus. Suchen Sie vertraute Personen, bei denen Sie diese Gefühle offen äußern dürfen.

Die schwangere Frau ist hierfür aber eindeutig die falsche Person. Vermeiden Sie es, sie mit Ihren ungefilterten Reaktionen, etwa mit einer reflexhaften Kurznachricht, und mit Aussagen zu konfrontieren, die diese wiederum verletzen oder irritieren könnten. Die Gefahr ist in dieser Situation groß, eine Spirale gegenseitiger Vorwürfe und Missverständnisse in Gang zu setzen und damit die Probleme zu vergrößern, anstatt Lösungen näher zu kommen.

Um sich mit der Schwangeren möglichst bald über das weitere Vorgehen auszutauschen, ist es wichtig, erst mal Ihre eigenen Gedanken zu sortieren und eine eigene Position zu finden. Versuchen Sie sich zunächst mit nahestehenden Menschen oder im Rahmen einer Beratung darüber klar zu werden,

- dass Sie das gleiche Maß an Verantwortung für die Schwangerschaft tragen wie die Frau, die schwanger ist. Wer Sex hat, geht letztlich bei jeder Verhütungsmethode immer das Restrisiko einer Schwangerschaft ein. Selbst aktiv zu verhüten ist dabei das verlässlichste. Und auch dabei passieren immer wieder Pannen. Nun ist das eingetreten, was eigentlich nicht eintreten sollte. Stehen Sie dazu! Angenommene Verantwortung macht handlungsfähiger als Vorwürfe und Klagen.
- wie viel und in welcher Art und Weise Sie Verantwortung für das kommende Kind übernehmen wollen. Dabei sind viele »Abstufungen« möglich, die sich gegenseitig ergänzen und kombinieren lassen:
- Ich möchte nach der Geburt einen Vaterschaftstest, um sicher zu sein, ob ich tatsächlich Vater des Kindes bin. Dafür ist es wichtig, die Schwangere mit ins Boot zu holen und den Test gemeinsam durchzuführen.
- Ich erkenne die Vaterschaft an und übernehme im Rahmen des gesetzlich Notwendigen die Unterhaltszahlungen für das Kind sowie gegebenenfalls für die Schwangere beziehungsweise Mutter (Betreuungsunterhalt).
- Ich möchte möglichst viel von der Schwangerschaft mitbekommen/miterleben und mit dir absprechen, was für uns beide geht und was nicht.
- Ich möchte dich emotional unterstützen.

- Ich möchte bei der Geburt unseres Kindes vor Ort sein und mit dir vorher gemeinsam überlegen, wie wir diese wichtige, intime Situation so gestalten können, dass das gut gehen kann.
- Ich möchte mich nach der Geburt aktiv an der Betreuung, Versorgung und Erziehung unseres Kindes beteiligen, vielleicht sogar, je nach Alter des Kindes, zu gleichen Teilen.

Verantwortung übernehmen

Wenn Sie selbst ein Bild davon haben, welche Verantwortung Sie annehmen wollen, geht es darum, der Frau, die – vermutlich oder tatsächlich – von Ihnen schwanger ist, zu signalisieren, dass Sie über Lösungen nachdenken und dass Sie in Kontakt bleiben wollen.

Signalisieren Sie klar, aber unaufdringlich Ihr Interesse an weiterem Kontakt. Sie wollen gemeinsam Lösungen für die Zukunft erarbeiten – aber mit der konkreten Planung hat es noch etwas Zeit. Noch gibt es zu viele Unwägbarkeiten.

Falls von der Schwangeren Signale kommen, dass sie nicht mit Ihnen kommunizieren will: Antworten Sie auf der Sachebene, versuchen Sie eine Vereinbarung zu treffen, wann Sie wieder miteinander ins Gespräch kommen.

Überlegen Sie, welche Kommunikationswege Sie dafür nutzen möchten und können:

- **Kurznachrichtendienste wie WhatsApp & Co.** passen eher zu spontaner unverbindlicher Kommunikation. Sie sind für diese wichtigen Angelegenheiten ungeeignet, denn wesentliche Anteile der Kommunikation, Erklärendes, mitschwingende Gefühle und/oder Fragen werden dabei fast nie mitformuliert.

- **Telefonieren:** Telefonate können gut funktionieren, wenn es Ihnen beiden möglich erscheint, dabei nicht in Klagen, Vorwürfe und/oder Streit zu verfallen.
- **Eine E-Mail oder ein Brief** kann ein für die Situation passendes Kommunikationsmedium sein. Beide geben Ihnen als Absender die Möglichkeit, das Geschriebene langsam zu entwickeln, eine Nacht oder einen Tag liegen zu lassen, zu ergänzen, zu überarbeiten, sprachlich zu entschärfen. Lassen Sie einen Entwurf gegebenenfalls von einer nahestehenden Person gegenlesen und insbesondere auf offene oder versteckte Vorwürfe überprüfen. Denn Vorwürfe trüben das Kommunikationsklima und erschweren den Dialog. Dies trägt nicht zu der Lösung bei, die Sie suchen. Brief oder E-Mail haben einen verbindlichen Charakter, stellen dar, was Sie denken und was Sie sich vorstellen oder was Sie klären möchten. Beides gibt der Adressatin eine klare Aussage sowie Möglichkeit und Zeit, darauf zu antworten. Nennen Sie keine Frist, innerhalb derer Sie eine Antwort erhalten möchten. Überlegen Sie stattdessen, welche Frist für eine Antwort Sie selbst für angemessen halten. Wir schlagen zwei Wochen vor. Nach dieser Zeit erinnern Sie freundlich, aber bestimmt an Ihr Anliegen.
- **Ein persönliches Treffen**, um Dinge zu klären und um Vereinbarungen zu treffen, kann sinnvoll sein, wenn Sie grundsätzlich gut miteinander im Gespräch sind. Ansonsten lauern hier die gleichen Gefahren wie bei einem Telefonat. Wenn Sie ein persönliches Treffen möchten, nutzen Sie möglichst den professionellen Rahmen einer Beratungsstelle und wenden Sie sich zum Beispiel an pro familia.

TRENNUNG VOR ODER NACH DER GEBURT

Bei einer Trennung kurz nach der Geburt ist es wichtig, den Kontakt zum Kind zu erhalten, möglichst nicht zu unterbrechen und so kontinuierlich wie möglich weiterzuführen. Versuchen Sie, sich darüber klar zu werden, welches Betreuungsmodell Sie für praktikabel halten. Das alleinige Modell des »Wochenendpapas« – also des Vaters, der seine Kinder nur an den Wochenenden sieht – ist passé. Heute sind unzählig viele Betreuungslösungen denk- und machbar. Sprechen Sie mit der Mutter Ihrer Kinder darüber. Halten Sie emotionale Belastungen aus der Trennung von den Kindern möglichst fern. Behalten Sie die Kinder im Blick. Diejenige Betreuungslösung, die von beiden Eltern getragen wird, ist für die Kinder die beste. Überlegen Sie, was die Kinder jetzt und zukünftig brauchen, und kommen Sie zu gemeinsamen Lösungen.

Beratungseinrichtungen unterstützen Väter und Mütter bei der Erarbeitung von Lösungen. Hier müssen Väter ihre Vorstellungen oft besonders klar und anhand von positiven Alltagsbeschreibungen der Vater-Kind-Beziehung vertreten. Wir raten Ihnen dringend, dies zu tun. Manchen Vätern wird leider erst in der Trennungssituation wirklich deutlich, wie wichtig sie für ihre Kinder sind. Umso entscheidender ist es, sich dieser Bedeutung dann bewusst zu werden und sie zu kommunizieren.

Leben Sie als Vater von Anfang an in einer Trennungssituation, möglicherweise schon in der Schwangerschaft, dann ist es bedeutsam, bezüglich des Kindes beständig »am Ball« zu bleiben. Wichtig ist, verbindliche Zeiten zu vereinbaren, in denen

Sie sich um Ihr Kind kümmern können, und weiter zu überlegen, wie diese im Lauf der Zeit beständig erweitert werden können. Auch hier können Beratungseinrichtungen und Jugendämter unterstützend wirken. Kommen Sie hier nicht weiter, kann – nach eingehender Beratung durch gute Fachleute und erfahrene Anwälte für Familienrecht, die nicht »Krieg führen« wollen – der Rechtsweg eine Option sein. Das Familiengericht klärt die Situation, wacht über das Kindeswohl und kann beispielsweise Umgangszeiten anordnen.

Überall gilt es aus der Perspektive des Kindes und des Kindeswohls zu denken und zu sprechen. Ihre Leitfragen könnten dabei etwa sein: Was kann mein Kind gerade von mir bekommen? Was kann ich ihm geben? Warum ist es für das Kind wichtig, dass es mich als Vater hat, mich als seinen Vater erlebt, eine Beziehung zu mir hat? Nicht hilfreich dagegen ist es, im Sinne eines »Eigentumsanspruchs« zu argumentieren. »Das Kind gehört zur Hälfte mir« bringt keinen Vater und kein Kind weiter.

Ihr Kind hat ein Recht auf beide Elternteile. Daher ist es günstig für Ihr Kind, wenn Sie die gemeinsame elterliche Sorge ausüben. Wie Sie diese als nichtverheiratete Elternteile erklären, erfahren Sie auf Seite 205. So sind beide in der Lage und in der Pflicht, sich als Eltern gegenseitig zu ergänzen, bei Bedarf zu korrigieren und sich auf Lösungen im Sinne des Kindeswohls zu verständigen, die also vor allem Ihrem Kind guttun. Sind sich die Elternteile in Sorgerechtsfragen nicht einig, raten wir dazu, sich (möglichst gemeinsam) beraten zu lassen.

Wir raten immer dazu, soweit wie möglich gemeinsam nach Lösungen zu suchen, verhandlungsbereit und im Dialog zu bleiben. Der Rechtsweg sollte nur das letzte Mittel sein. Dabei sowie vorab sollten Sie sich gut beraten lassen.

»AM BALL BLEIBEN« – WAS ZU KLÄREN IST

Egal aus welchem Grund und in welcher Phase Sie nicht (mehr) mit der schwangeren Frau zusammen sind: Bei Schwangerschaft, Geburt und gemeinsamer Erziehungsverantwortung außerhalb des als »normal« angenommenen Rahmens einer Paarbeziehung gibt es einiges zu bedenken und zu klären.

Vertrauen aufbauen

Signalisieren Sie Ihr Interesse an Lösungen, ohne aufdringlich zu sein. Wenn die Schwangere bereit ist, über Vorstellungen und Lösungen zu sprechen, nehmen Sie diese Möglichkeit wahr. Beachten Sie dabei: Die Situation ist sensibel. Sie sind vermutlich beide sehr verletzlich. In dieser Situation kann es leicht zu grundlegenden Missverständnissen kommen.

So kann die Schwangere

- befürchten, dass Sie ihr das Kind »wegnehmen« wollen.
- befürchten, Ihr Abwarten und Raumlassen bedeutet Ihr mangelndes Interesse am Kind, Rückzug und dass Sie die zukünftige Mutter im Stich lassen.
- befürchten, Sie wollen mit Ihrem Interesse für Schwangerschaft, Geburt und Erziehungsverantwortung fürs Kind eine Liebesbeziehung zu ihr aufbauen, sie »zurückerobern«.
- hoffen, dass Sie mit Ihrem Interesse für Schwangerschaft, Geburt und Erziehungsverantwortung fürs Kind eine Liebesbeziehung zu ihr aufbauen wollen.

Umgekehrt können ähnliche Missverständnisse auch bei Ihnen auftreten, indem Sie etwa

- Bedenkpausen als Kontaktabbruch und/oder als »Wegnehmenwollen« interpretieren;
- im Eingehen auf Ihr Engagement für Schwangerschaft und Kind einen Beziehungswunsch erhoffen oder befürchten.

Um solchen und anderen Missverständnissen vorzubeugen, ist es wichtig, deutlich zu machen: Sie wollen mit der zukünftigen Mutter ein gutes Elternteam bilden. Es geht Ihnen darum, zusammenzuarbeiten, damit es Ihrem Kind so gut wie möglich geht. Auf der Ebene der Liebesbeziehung haben Sie keine Ziele. Wenn dem doch so sein sollte, betonen Sie, dass das für Sie zwei getrennte Bereiche sind, die Sie aber klar auseinanderhalten möchten. Diese Botschaften müssen meist regelmäßig wiederholt werden, um Vertrauen aufzubauen.

Rechte und Pflichten

Um den sechsten Schwangerschaftsmonat herum ist es sinnvoll, die wichtigsten formellen Dinge zu klären. Dazu gehören auf jeden Fall Ihre gemeinsamen Pflichten und die Rechte Ihres Kindes auf beide Elternteile.

DIE VATERSCHAFTSANERKENNUNG

Wenn Sie wissen, dass Sie der Vater des Kindes sind, beurkunden Sie gemeinsam mit der Schwangeren beim Standes- oder Jugendamt die Vaterschaft.

Wenn Sie sich nicht sicher sind, warten Sie damit bis nach der Geburt und machen zunächst gemeinsam einen Vaterschaftstest.

Wenn dabei beide Eltern mitwirken wollen, können Sie einen Vaterschaftstest über eines der im Internet zu findenden Institute in Auftrag geben. Häufig werden die Speichelproben von Ärzten abgenommen. Wichtig ist in diesem Zusammenhang, dass bei der Probenentnahme die Identität des Probanden eindeutig festgestellt und dokumentiert wird.

Wenn die Mutter diesen Weg ablehnt, wenden Sie sich an das Jugendamt. Die Vaterschaft kann auch auf gerichtlichem Wege geklärt werden. Aber dieser Schritt sollte aufgrund seines Konfliktpotenzials sorgsam überlegt werden. Da jedoch sämtliche Rechte und Pflichten eines Vaters an die rechtliche Stellung als Vater geknüpft sind, kann es sinnvoll sein, sehr schnell einen solchen Vaterschaftsfeststellungsantrag zu stellen. Eine vorherige Beratung bei Beratungsstellen, Jugendämtern oder Fachanwältinnen für Familienrecht ist unabdingbar, um sich über das Verfahren einer Vaterschaftsfeststellung zu informieren und diese vom Familiengericht anordnen zu lassen.

GEMEINSAME SORGE

Wenn Sie die Vaterschaft bereits in der Schwangerschaft anerkennen wollen, überlegen Sie zunächst für sich und auch mit der Mutter des Kindes, ob Sie auch die gemeinsame elterliche Sorge erklären und ausüben wollen. Die Erklärung setzt die Anerkennung der Vaterschaft voraus.

Grundsätzlich stehen bei der elterlichen Sorge die Pflichten und nicht die Berechtigungen der Eltern im Vordergrund, denn es geht um das Kindeswohl: Was ist wichtig dafür, dass es dem Kind so gut wie möglich geht? Die elterliche Sorge ist ein Fürsorge- und Schutzverhältnis für Kinder. Das heißt für Eltern nicht weniger, als die Verantwortung dafür zu übernehmen, zum

Nutzen der Entwicklung des Kindes zu einer selbstständigen, eigenverantwortlichen und gemeinschaftsfähigen Persönlichkeit beizutragen (so beschreibt es der § 1 SGB VIII).

Nicht mit der Mutter verheiratete Väter haben in Deutschland zunächst nicht die gemeinsame Sorge. Das Sorgerecht liegt mit der Geburt allein bei der Mutter. Eltern können die gemeinsame Sorge einvernehmlich beim Jugendamt erklären.

Wenn Eltern sich über die Erklärung der gemeinsamen Sorge nicht einig sind, können Väter die gemeinsame Sorge allein beim zuständigen Familiengericht beantragen. Nach § 1626a BGB wird vermutet, dass die gemeinsame elterliche Sorge dem Kindeswohl am besten entspricht. Es müssen daher in dem Widerspruch, den die Mutter geltend machen kann, konkrete Gründe vorgetragen werden, die gegen die gemeinsame elterliche Sorge sprechen.

Wenn die Mutter dem Antrag auf gemeinsame Sorge widerspricht, entscheidet das Familiengericht im Sinne des Kindeswohls. Die Rechtsprechung der vergangenen Jahre zeigt, dass Väter, die nicht konfliktorientiert, sondern konsensorientiert auftreten sowie klar und nachvollziehbar darlegen, dass und wie ihr Erziehungsbeitrag dem Kindeswohl dient, gute Chancen haben, dass das Familiengericht für die gemeinsame Sorge entscheidet. Häufig einigen sich die Eltern im Verlaufe des Verfahrens auf die gemeinsame Sorge.

Überlegen Sie, was Sie möchten und was sinnvoll und zielführend ist. Nicht in jedem Fall muss die gemeinsame elterliche Sorge das wichtigste aller kurzfristigen Ziele sein.

Möglich ist beispielsweise auch, zunächst auf die gemeinsame elterliche Sorge zu verzichten und im ersten Lebensjahr Vertrauen im Umgang miteinander aufzubauen, Vertrauen in sich und Ihre Aufgaben als Vater zu gewinnen – auch seitens der Mutter. Eventuell ist es so leichter, eine gemeinsame Entscheidung bezüglich des Sorgerechts zu treffen und allen Beteiligten so ein gerichtliches Verfahren darum zu ersparen. Und falls die Mutter etwa nach einem Jahr doch nicht überzeugt sein sollte, haben Sie Ihr Bestes getan, um das Familiengericht zu überzeugen, für die gemeinsame elterliche Sorge zu entscheiden.

Diesen Verlauf finden wir in der Realität mittlerweile häufig. Er beinhaltet keine Erfolgsgarantie, aber häufig bewerten ihn die mit dem Kindeswohl befassten Fachleute als genau richtig für einen Vater, der die gemeinsame Sorge beantragen will, und erkennen diese Strategie an.

AUFENTHALTSBESTIMMUNGSRECHT

Das Aufenthaltsbestimmungsrecht ist Teil des Sorgerechts der Eltern. Haben die Eltern das Sorgerecht gemeinsam inne (wenn das Kind während einer bestehenden Ehe geboren wurde oder nach gemeinsamer Sorgeerklärung), können und müssen sie gemeinsam darüber entscheiden, wo das Kind seinen Lebensmittelpunkt hat. Ist hingegen nur die Mutter sorgeberechtigt, kann und muss sie diese Entscheidung allein treffen.

Im Mittelpunkt steht auch hier das Wohl des Kindes, nicht das Recht der Eltern. Das Aufenthaltsbestimmungsrecht sollte nach Möglichkeit gemeinsam bestehen bleiben, damit über Umzugspläne immer wieder auch zwischen den Eltern verhandelt werden kann und muss. Zum Knackpunkt wird die Frage nach dem Aufenthaltsbestimmungsrecht häufig dann, wenn ein Elternteil zusammen mit dem Kind an einen weiter entfernten Ort umziehen will. Mit alleiniger elterlicher Sorge beziehungsweise mit einem alleinigen Aufenthaltsbestimmungsrecht kann dies ohne Einwilligung des anderen Elternteils geschehen. Liegt das Aufenthaltsbestimmungsrecht bei beiden Elternteilen, dann braucht der Elternteil, der weiter weg umziehen will, die Einwilligung des anderen.

Leider führen Wegzugsabsichten häufig zu Konflikten. Väter befürchten, häufig zu Recht, dass ein Wegzug der Mutter mit dem Kind vieles davon gefährden könnte, was an gutem Kontakt und Beziehungsentwicklung zwischen Vater und Kind erarbeitet wurde. Wegzugsabsichten werden oft von Konflikten begleitet, mit denen Familiengerichte sich befassen müssen. Hier eine angemessene Entscheidung im Sinne des Kindeswohls zu treffen ist auch für erfahrene Richterinnen und Richter nicht leicht. Es gibt jedoch durchaus gute Lösungen mit weit entfernt voneinander lebenden Elternteilen, die außergerichtlich erarbeitet wurden.

UMGANGSRECHT

Das Umgangsrecht ist in Deutschland zwar zusammen mit der elterlichen Sorge in einem Kapitel im BGB geregelt, aber begrifflich von ihr zu trennen und wird ebenfalls zunächst vom Kind aus gedacht. Konkret heißt das: Jedes Kind hat ein Recht auf Umgang auch mit einem nicht sorgeberechtigten Elternteil. Erst im zweiten Schritt heißt es (§1684 Abs. 1), dass den Eltern, ob mit oder ohne Sorgerecht, das Recht auf Umgang zusteht.

Wie die Eltern den Umgang ausgestalten, steht ihnen unter Berücksichtigung der Lebenssituationen, abhängig vom Alter des Kindes sowie von Arbeits- und Schulzeiten, frei. Eltern können sich bei der Regelung des Umgangs vom Jugendamt beraten lassen. Wenn es hier zu keiner Einigung im Sinne des Kindeswohls kommt, kann das Familiengericht eingeschaltet werden.

Beim »Umgang« geht es faktisch um Raum und Zeit für die Beziehung zwischen Kind und Elternteil, die gemeinsam gestaltet, ausgebaut und gepflegt werden kann. Als Vater »interagieren« Sie in dieser Zeit mit Ihrem Kind, Sie spielen mit ihm, Sie versorgen es, Sie sprechen mit ihm, Sie spiegeln seine Laute ... Bei all diesen Tätigkeiten findet Beziehung statt und das ist es, worauf es ankommt. »Umgang« ist ein Begriff, der diesen Beziehungsaspekten nicht gerecht wird.

Der Begriff wurde in den 1950er-Jahren geprägt, als man Vätern nach Trennungen weder zutraute noch zubilligen wollte, dass sie eine Bindungsbeziehung zum Kind entwickeln und auch unter der Trennungssituation pflegen und weiterentwickeln wollen oder können. Die Zeiten haben sich sehr geändert, die Begriffe leider noch nicht.

Besser als Umgang ist der Begriff Betreuung, wobei auch dieser nach »Babysitten« klingt. Zielführender ist es, ausführlich zu beschreiben, woraus die Beziehung zwischen Vater und Kind, Kind und Vater besteht und woraus sie bestehen könnte. Wenn Sie darüber sprechen, wann, in welcher Frequenz und in welchem Umfang Sie Ihr Kind sehen möchten und welche Weiterentwicklungen Sie auf dieser Strecke in welchen Etappen planen, werden Sie bald feststellen, ob es gelingt, mit der Mutter Vereinbarungen zu treffen. Falls Sie nicht auf einen Nenner kommen, lassen Sie sich beraten, allein und gemeinsam. In jedem Fall ist es wichtig, dass Sie Ihre Vorstellungen klar formulieren.

UNTERHALT FÜR IHR KIND

Grundsätzlich ist der Elternteil zu Unterhaltszahlungen für das Kind verpflichtet, bei dem das Kind nicht überwiegend lebt. Bei der Bemessung des Unterhalts ist es in Deutschland üblich, sich an der sogenannten »Düsseldorfer Tabelle« zu orientieren. Sie weist den monatlichen Unterhaltsbedarf aus, wobei der Bedarf nicht identisch mit dem Zahlbetrag ist; dieser ergibt sich aus den tatsächlichen Einkommenshöhen, dem Alter und auch der Anzahl der Kinder sowie den zugestandenen Selbstbehalten der Unterhaltspflichtigen. Die Tabelle wird jedes Jahr zum ersten Januar vom Oberlandesgericht Düsseldorf angepasst. Schauen Sie sich die jeweils aktuelle Tabelle an, um eine Vorstellung davon zu bekommen, in welcher Höhe Unterhaltszahlungen anstehen können. Die Tabelle gibt wie gesagt Richtwerte. Sie können sich im gegenseitigen Einvernehmen mit der Mutter des Kindes auch auf andere Modelle einigen – zum Beispiel, dass Sie regelmäßig bestimmte Dinge für und mit Ihrem Kind kaufen, die auf den fälligen Unterhalt angerechnet werden.

BETREUUNGSUNTERHALT

Zusätzlich zum Kindesunterhalt steht dem betreuenden Elternteil (nach § 1615 I BGB bei nicht verheirateten Eltern und nach § 1570 BGB bei geschiedenen Eltern) ein Anspruch auf Betreuungsunterhalt zu. Dieser ist zunächst auf drei Jahre nach der Geburt befristet. Er soll dafür sorgen, dass der betreuende Elternteil genügend finanzielle Mittel zur Verfügung hat, um eine angemessene Pflege und Erziehung des Kindes zu gewährleisten. Während dieser Zeit kann vom betreuenden Elternteil nicht verlangt werden, einer Erwerbstätigkeit nachzugehen. Der Betreuungsunterhalt ist nachrangig zum Unterhalt des Kindes. Das heißt, wenn nach der Zahlung des Kindesunterhalts oberhalb der Grenze des Selbstbehalts (Eigenbedarf) noch Geld übrig ist, kann dies vom überwiegend betreuenden Elternteil als Betreuungsunterhalt eingefordert werden. Der Selbstbehalt gegenüber dem betreuenden Elternteil ist hier etwas höher als beim Kindesunterhalt.

Unterhaltszahlungen sind nur dann nicht fällig, wenn Ihr Kind zu gleichen Teilen bei beiden Elternteilen lebt. Manche Väter befürchten den finanziellen Ruin und glauben, dass sie auf Jahre hinaus finanziell kein Bein mehr auf den Boden bekommen. Aber: Der Betreuungsunterhalt kann nicht rechtsverbindlich für die Zukunft geregelt werden. Es können Absprachen darüber getroffen werden, ob und in welcher Höhe er geltend gemacht wird. Lassen Sie sich hier am besten rechtlich beraten.

Ein rechtsverbindlicher Verzicht auf Betreuungsunterhalt kann nur rückwirkend erklärt werden. Viele Mütter verzichten auch darauf, jedenfalls ab dem Zeitpunkt, ab dem sie selbst wieder erwerbstätig werden und über ein eigenes Einkommen verfügen. Und das kann auch schon der Fall sein, wenn das Kind erst ein Jahr alt ist. Mediationen können dabei unterstützen, Lösungen zu finden, die beide Elternteile fair finden. Dies ist elementar wichtig für eine weitere gute Kooperation.

DER RECHTSWEG – WAS ZU BEDENKEN IST

Bevor Sie den Rechtsweg gehen, überlegen Sie sich gründlich, ob Sie dies wirklich tun und wie Sie dabei vorgehen wollen. Lassen Sie sich beraten. Ein Beratungsgespräch mit einem erfahrenen Fachanwalt für Familienrecht kann erste Orientierung bieten. Der Anwalt sollte von seiner Haltung her das Wohl des Kindes im Fokus haben. Eine Zusatzausbildung in Mediation kann ein Hinweis auf eine solche Haltung sein. Der Anwalt sollte sich gemeinsam mit Ihnen Argumente überlegen, warum und wie das, was Sie anstreben, zum Wohle des Kindes beiträgt.

Bei alldem ist es vor allem für Ihr Kind gut und wichtig, dass Sie und die Mutter an einem Strang ziehen. Führen Sie sich und auch ihr immer wieder die Orientierung am Kindeswohl vor Augen. Wenn Sie und die Mutter sich nicht einigen können, in welche Richtung es gehen soll: Die Rechtsprechung ist häufig (nicht immer!) so, dass dem Vater ab dem zweiten Lebensjahr des Kindes eine Übernachtung pro Woche in seiner Wohnung zugebilligt wird. Dies ist ein Anhaltspunkt und soll nicht besagen, dass Sie den Rechtsweg beschreiten müssen oder sollen. Wir wollen Ihnen damit nur eine Idee vermitteln, was Familiengerichte zunehmend »im Sinne des Kindeswohls« als richtig und angemessen betrachten.

Wenn Sie mit der Mutter Ihres Kindes in einem guten Kontakt sind, dann können Sie immer wieder besprechen, was in Ihrer beider Augen für Ihr Kind jetzt am besten ist und wie Sie Ihre Vereinbarungen weiterentwickeln. Wenn Ihnen das gelingt, haben Sie einen guten Grund, den ersten Geburtstag Ihres Kindes gemeinsam zu feiern.

CHECKLISTE

Formsachen

- Vaterschaftsanerkennung/-beurkundung. Auf jeden Fall dann, wenn Sie keine Zweifel daran haben, dass Sie der Vater des Kindes sind.
- Erklärung/Beurkundung der gemeinsamen elterlichen Sorge. Erklären Sie die gemeinsame elterliche Sorge für Ihr Kind dann, wenn die Mutter Ihres Kindes und Sie sich darüber einig sind, dass dies die beste Lösung ist.
- Klären Sie für sich und mit der Mutter des Kindes, wie Sie Ihre Zeiten mit dem und für Ihr Kind, also den »Umgang«, regeln möchten, um verlässlich für Ihr Kind da sein zu können.

Situation bei der Geburt

Die Geburt eines Kindes ist für die Mutter wie für den Vater ein äußerst intimes Erlebnis. Zu den Voraussetzungen des gemeinsamen Erlebens der Geburt gehört, dass Mutter und Vater bereit sind, eine sehr persönliche Situation zu teilen. Wenn es in dieser Hinsicht bei Ihnen oder der Mutter Ihres Kindes Vorbehalte gibt, die sich nicht einvernehmlich und in guter Stimmung aus der Welt schaffen lassen, sollten Sie von Ihrer Anwesenheit bei der Geburt Ihres Kindes Abstand nehmen.

Welche Optionen bleiben Ihnen in diesem Fall? Versuchen Sie, darauf hinzuarbeiten, Ihr Kind baldmöglichst nach der Geburt zu begrüßen und etwas Zeit mit ihm zu verbringen, wenn möglich mit der Mutter Ihres Kindes. Das heißt, es wäre günstig, wenn Sie verabreden können, dass Sie informiert werden, sobald die Geburt beginnt, und dass Sie dann zu dem Ort kommen, an dem das Kind zur Welt kommt.

Sobald Ihr Kind geboren ist, sollten Sie die Möglichkeit bekommen, Kontakt zu ihm aufzunehmen – idealerweise nach wenigen Minuten. (Was dann alles wichtig ist, lesen Sie ausführlich ab Seite 100.) Wie lange Ihr Erstkontakt dauert, können Sie mit der Mutter im Vorfeld verabreden. Er kann grundsätzlich so lange wie möglich dauern. Sofern die Mutter und Sie diese gemeinsame Situation angenehm gestalten können, und sofern die Mutter Sie lässt, können Sie die ersten Lebensminuten Ihres Kindes auch zusammen erleben. Hier geht es nicht anders, als ihr die Regie zu überlassen. Gut ist, wenn Sie vorab vereinbaren, wie lange Ihr Begrüßungsbesuch dauern kann und wann und für wie lange Sie an den Folgetagen zu Besuch kommen, um Zeit mit Ihrem Neugeborenen zu verbringen. Der Vorteil der Situation in der Klinik besteht darin, dass Sie nicht auf sich gestellt sind, es sich quasi um einen geschützten Raum handelt. Auf der Neugeborenenstation sind Schwestern und Pfleger oft hilfsbereit, kompetent sind sie sowieso. Sie unterstützen Sie gern bei Ihren »ersten Schritten« mit Ihrem Baby und stehen für Fragen zur Verfügung. Insofern kann dies an den ersten Tagen eine gute Starthilfe für Sie beide sein, die auch an den folgenden Tagen, Wochen und darüber hinaus förderlich sein kann.

TIPP

Hilfreiche Haltungen

Vater werden und Vater sein in den ersten Lebensmonaten des Kindes unter der Voraussetzung einer Trennungssituation ist zweifellos eine besondere Herausforderung – für Sie als Vater, aber auch für die Mutter und schließlich auch für Ihr gemeinsames Kind, das in diese Situation hineinwachsen muss.
Die Situation ist häufig sensibel und geprägt von Empfindlichkeiten und der erhöhten Gefahr von Missverständnissen.
Aufmerksame Kommunikation, klare Vorstellungen, die nicht als Forderungen dargestellt werden, sondern als gute, angemessene Schritte für eine förderliche Begleitung des Kindes, Geduld und Beständigkeit: All diese Elemente können dazu beitragen, dass es Kind und Eltern gut geht.
Dafür stehen Ihnen vielfältige Beratungs- und Unterstützungsmöglichkeiten zur Verfügung, die Sie unbedingt nutzen sollten. Vielleicht ist es auch hilfreich, sich an den Vätern und Müttern zu orientieren, die sich bewusst für ein Modell geteilter Elternschaft ohne Liebesbeziehung entschieden haben. Ein selten praktiziertes Modell, das potenzielle Konflikte in Liebesbeziehungen und Erziehungsverantwortung von vornherein entkoppelt.

TIPP

Entwicklungsszenarien für »Umgang«

Geburt bis drei Monate: Ein bis drei Termine pro Woche. Der Besuch findet da statt, wo das Baby seinen Lebensmittelpunkt hat. Beim Besuch darauf hinarbeiten, dass Zeit zu zweit möglich wird und ausgeweitet werden kann. Je nach Vertrauen und Vertrautheit sind dafür zum Beispiel auch zehn Minuten für den Anfang nicht das Schlechteste, wenn dazu vereinbart wird, dass daraus stetig mehr wird. Gehen Sie möglichst mit Ihrem Kind raus, schieben Sie es im Kinderwagen oder (noch besser) nutzen Sie ein Tragetuch oder eine Tragehilfe. Wichtig ist es einfach, die Nähe zu spüren und wachsen zu lassen (siehe auch Kapitel 4 und 5 ab Seite 102 und 148).
Drei bis sechs Monate: Besuchszeiten ausbauen und autonome Zeiten mit Kind möglichst ausweiten. Regelmäßigkeit und Verlässlichkeit sind enorm wichtig, auch weil sich die innere Uhr Ihres Babys darauf einstellt, dass Sie beispielsweise jeden zweiten Tag kommen. Wenn das Kind weiter gestillt wird, ist es gut und wichtig, dass Absprachen zu Stillzeiten getroffen werden. Das Stillen soll kein Hindernis für Ihren Kontakt zu Ihrem Kind sein, umgekehrt sollten Sie auch nicht mit der Haltung »Umgang jetzt um jeden Preis« zu fordernd auftreten. Flexibilität, Angemessenheit und Fairness sind wichtige Aspekte.
Sechs Monate bis ein Jahr: Weiterführen dieser Entwicklungspläne. Wünschenswert sind regelmäßige Gespräche, in denen Sie und die Mutter betrachten und einschätzen, wie es läuft und wie sich Ihr Kind in diesem Gefüge entwickelt. Mit etwa neun Monaten spricht nichts dagegen, dass Sie auch mal (fast) einen ganzen Tag mit Ihrem Kind verbringen. Wenn Ihr Kind noch gestillt wird, kann eventuell eine Stillpause verabredet werden oder Sie nehmen abgepumpte Milch mit. In diesem Alter kann auch eine regelmäßige Übernachtung des Kindes bei Ihnen vereinbart werden. Voraussetzung ist (selbstverständlich), dass Ihre Wohnung kindgerecht eingerichtet ist (siehe Seite 163).

Väter
ZWISCHEN FAMILIE, BERUF UND FREIZEIT

Die meisten Väter wollen heute viel Zeit mit ihren Kindern verbringen und mehr sein als Feierabend- und Wochenendpapas. Doch trotz neuer Möglichkeiten etwa durch die Regelungen zu Elternzeit und Elterngeld leben die meisten Elternpaare immer noch eine eher traditionelle Aufgabenteilung. Das verursacht bei vielen Vätern Stress und damit verbunden ein Gefühl der Zerrissenheit, da einerseits die Verantwortung als (zeitweiliger) Alleinernährer Druck macht und sie ihre Erwerbsarbeit weiter gut machen wollen und andererseits aber mit ihrem Kind gemeinsame Zeit verbringen möchten. Wie Sie Arbeit, Familie und Freizeit besser unter einen Hut bringen und diese Herausforderungen meistern können, erfahren Sie in diesem Kapitel.

FAMILIE UND BERUF UNTER EINEN HUT BEKOMMEN

Das Selbstbild von Vätern hat sich geändert. Ergebnisse der Familienforschung belegen, dass über zwei Drittel aller Väter in Deutschland sich in erster Linie als Erzieher und guter Begleiter ihrer Kinder sehen. Die Rolle des Familienernährers ist an die zweite Stelle der Prioritäten gerutscht (siehe Seite 236). Dieser Trend hat sich mit den Jahren verstärkt. Viele Männer und Frauen sind heute der Meinung, dass die Verantwortung für Erwerbs- und Familienarbeit gleichmäßiger verteilt sein sollte. Gleichzeitig erleben viele Eltern dennoch, dass es nicht leicht ist, diese Ideale im eigenen Leben umzusetzen.

So sind es nach wie vor meist die Väter, die den Löwenanteil des Familieneinkommens erwirtschaften.

Oft kommen Väter unter der Woche erst zur Gutenachtgeschichte heim oder sie finden ihr Kind schon schlafend vor. Manchmal fehlt die Energie, sich nach einem anstrengenden Arbeitstag noch dem Kind zuzuwenden, auch wenn sie sich das anders wünschen. Väter sind oft unzufrieden, wenn sie die Zeit für das Kind, die sie sich wünschen, nicht haben. Wie kommt mann da raus? Wir zeigen Ihnen ein paar Möglichkeiten.

Gesellschaftliche Rahmenbedingungen legen leider immer wieder traditionelle Aufgabenverteilungen nahe. Zu diesen ungünstigen gesellschaftlichen Rahmenbedingungen gehört etwa, dass Männer (selbst bei gleichen Aufgaben) im Durchschnitt immer noch mehr als Frauen verdienen. Es erscheint oft zu anstrengend, sich gegen diese Widrigkeiten zu stellen – damit erscheint es oft leichter, als Väter die Rolle des (Haupt-) Versorgers ein- und anzunehmen.

Den Wunsch, den Beruf nicht aus dem Blick zu verlieren, und die Angst, berufliche Chancen zu verpassen, haben Männer ebenso wie Frauen. Häufig entscheiden sich Elternpaare aber aufgrund der Einkommensunterschiede und auch aus praktischen Erwägungen – beispielsweise wegen des Stillens – dafür, dass zunächst die Frau zu Hause bleibt. Zudem befürchten viele Väter, meist unnötig, dass ihr Arbeitgeber ihnen mangelndes Engagement unterstellt, wenn sie in Elternzeit gehen (wollen), wohingegen Elternzeiten von Müttern als »naturgegeben« angesehen werden.

Seit 2007 gibt es für Mütter und für Väter in Deutschland die Möglichkeit, Elterngeld als Einkommensersatzleistung zu nutzen, meist im Rahmen einer befristeten Auszeit vom Beruf durch Elternzeit. Dadurch wurden für Väter, Mütter und Arbeitgeber neue Rahmenbedingungen für die Übernahme von Sorgearbeit in Familien geschaffen. Seitdem konnten viele Eltern, Arbeitgeber und natürlich auch Kinder Erfahrungen mit Elternzeit und Elterngeld machen. Eine Vielzahl von Vätern und Müttern, die jeweils beide Elternzeit genommen haben, haben sowohl im Privatleben als auch im Beruf Pionierarbeit geleistet. Väter konnten feststellen, dass der befürchtete Karriereknick nicht eingetreten ist und dass mehr und mehr Kollegen, auch Vorgesetzte und Führungskräfte, selbst in Elternzeit gegangen sind. Mütter konnten feststellen, dass Väter in Elternzeit ihre Aufgaben zu Hause mit Bravour meistern und dass Väter in Elternzeit keine Konkurrenten um die Liebe des Kindes sind, sondern Partner, die sie entlasten und es erleichtern, selbst schneller in den Beruf zurückzukehren. Unternehmen haben gelernt, dass Väter in Elternzeit keineswegs unmotivierte Mitarbeiter sind, sondern Mitarbeiter mit innovativen Ideen. Kurz, die Akzeptanz von Vätern, die Elternzeit nehmen, ist seit der Einführung von Elterngeld deutlich gestiegen.

Letztlich müssen die Eltern gemeinsam entscheiden, wer wann wie lange mit dem Kind zu Hause bleibt und wer in der Zwischenzeit arbeiten geht. Teilzeitlösungen für beide wären ideal, erfordern aber viel Abstimmung. Dass in vielen Familien die Mutter die Erwerbstätigkeit zumindest unterbricht und der Vater das Familieneinkommen sichert, geschieht oft nicht aus Überzeugung, sondern aus Pragmatismus, der viele Mütter und Väter mit den Zähnen knirschen lässt. Doch die Möglichkeiten, »Ernährerfallen« zu vermeiden, sind heute weitaus größer als noch vor wenigen Jahren.

Vermeiden Sie »Ernährerfallen«

Die »Ernährerfalle« droht zuzuschnappen, wenn Sie langfristig in die Rolle des Haupt- oder Alleinverdieners schlüpfen, ohne dies wirklich zu wollen. Die Familie zu finanzieren ist zweifellos eine wichtige Aufgabe. Doch wenn Sie sich dafür im Alltag nur wenig um Ihr Kind kümmern können, kann Dauerfrust die Folge sein – für Ihr Kind, für Sie und für Ihre Partnerin.

Mit der »Ernährerfalle« geht zudem meist unmittelbar die »Hausfrau-und-Mutterfalle« einher. Die meisten Frauen haben bis zur Geburt ihres Kindes im Beruf ihre Frau gestanden und wollen gern dahin zurück. Gerade Mütter, die in ihrem Beruf aufgegangen sind, werden auf Dauer eher unzufrieden mit einer traditionellen, einseitigen Aufgabenverteilung.

Umgekehrt ist es in der Regel so, dass alle Beteiligten – Väter, Mütter, Kinder – zufriedener sind, je partnerschaftlicher die Arbeitsteilung in der Familie ist.

Versuchen Sie deshalb, die Voraussetzungen dafür so gut wie möglich zu schaffen!

Auch die (leidvollen) Erfahrungen vieler Scheidungsväter zeigen, dass es sinnvoll ist, Erwerbs- und Familienarbeit möglichst ausgewogen untereinander aufzuteilen: Auch wenn viele Eltern es schaffen, sich nach einer Trennung als gemeinsam erziehend zu begreifen, leben Kinder meist überwiegend bei dem Elternteil, der sich vor der Trennung hauptsächlich um sie gekümmert hat – nach dem »klassischen« Modell die Mutter. Vätern, die vorher einen intensiven Kontakt zu den Kindern hatten, fällt es leichter, diesen auch nach einer Trennung aufrechtzuerhalten.

SO TAPPEN SIE NICHT IN DIE ERNÄHRERFALLE

- Selbst wenn Sie sich gemeinsam bewusst für die »klassische« Aufgabenverteilung entschieden haben: Sehen Sie dies nicht als unumstößlich an. Stellen Sie es ab und an auf den Prüfstand: »Sind wir beide noch zufrieden?« Sprechen Sie andere Modelle durch, etwa, dass Ihre Partnerin nach einer »Pause« zurück in den Beruf geht und Sie zu Hause bleiben.
- Nutzen Sie die vielen Kombinationsmöglichkeiten, die das Elterngeld- und Elternzeitgesetz Ihnen bietet, um Erziehungs- und Erwerbstätigkeit flexibel aufzuteilen. Gerade die Teilzeitmöglichkeiten des Elternzeitgesetzes helfen dabei, dass für Sie beide aus beruflicher Auszeit keine »Rauszeit« wird!
- Planen Sie nicht für die Ewigkeit. Kinder wachsen schnell und Ihre Situation kann sich auch verändern. Es kann sehr entlas-

ten, nicht allein für den Familienunterhalt verantwortlich zu sein.

- Überlegen Sie, ob der nächste Karriereschritt im ersten Lebensjahr Ihres Kindes wirklich sein muss. Nehmen Sie sich Zeit für Ihre »Karriere als Vater« und genießen Sie diese. Diese Chance kommt nicht wieder – berufliche Chancen dagegen schon eher!
- Überdenken Sie Ihr Arbeitspensum. Falls Sie Ihre berufliche Situation ändern möchten, sprechen Sie am besten so früh wie möglich mit Ihrem Arbeitgeber. Bereiten Sie sich auf dieses Gespräch gut vor und gehen Sie mit konkreten Lösungsvorschlägen hinein.
- Teure Anschaffungen können meist warten, Zeit für Baby und Familie können Sie jedoch nicht aufschieben. Nicht dauernd an die Finanzierung von Anschaffungen denken zu müssen entlastet auch psychisch.

Besprechen Sie mit Ihrer Partnerin:

- Wer betreut unser Kind beziehungsweise unsere Kinder im Alltag – sowohl unmittelbar direkt nach der Geburt als auch mit Blick auf später gewünschte Lebensmodelle?
- Wer übernimmt welche Aufgaben im Haushalt?
- Wie viel Geld brauchen Sie zum Lebensunterhalt und für Zukunftspläne und wer soll und kann welchen Anteil davon erwirtschaften?
- Wer ist wann und wie viel berufstätig (Teilzeit/Vollzeit)?
- Wie wollen Sie Elternzeit und Elterngeld aufteilen?
- Wie wollen Sie sich Erwerbstätigkeit und die Organisation des Familienlebens mittelfristig aufteilen, etwa wenn die Kinder in die Kita oder in die Schule kommen?

ERFAHRUNGSBERICHTE

Frank, 35, zwei Kinder

Ich habe im Rahmen der Elternzeitregelung meine volle Stelle um die Hälfte reduziert. Neulich war ich freitagmorgens im Supermarkt und habe mit meinen Kindern den Wochenendeinkauf gemacht. Wir trafen einen Bekannten. Zur Begrüßung fragte er mich: »Hallo, Frank! Na, hast du heute auch frei?« »Nicht wirklich«, sagte ich. »Ich schmeiße heute den Haushalt, wie auch die restliche halbe Woche.«

Michael, 49 Jahre, Firmeninhaber

»Natürlich möchten Kunden gern Termine vereinbaren, die kurz vor dem Wochenende liegen. Aber da bin ich ganz konsequent. Ich sage immer: Es tut mir leid, freitagnachmittags mache ich keine Termine – ab 13 Uhr beginnt für mich die Familienzeit.«

Elterngeld und Elternzeit

Nach dem Bundeselterngeld- und Elternzeitgesetz haben Eltern Anspruch auf 14 Monate Basis-Elterngeld, sofern das zu versteuernde Jahreseinkommen als Paar unter 175.000 Euro liegt. Ein Elternteil kann maximal 12 Monate Elterngeld beanspruchen; 14 Monate sind möglich, wenn beide Elternteile Elterngeld beantragen. Die Untergrenze für die Beantragung sind zwei Monate. Elterngeld ist eine steuerfinanzierte Einkommensersatzleistung, die 65 bis 67 Prozent des vorherigen Nettoeinkommens bis zur

Höchstgrenze von 1 800 Euro pro Lebensmonat und Elternteil des Kindes ersetzt. Genaueres zu entsprechenden Regelungen in Österreich und der Schweiz finden Sie unter den im Anhang genannten Adressen (siehe Seite 237)

Anspruch auf Elterngeld haben Väter und Mütter, die ...
- ihr Kind nach der Geburt selbst betreuen und erziehen,
- nicht mehr als 32 Stunden in der Woche erwerbstätig sind,
- mit dem Kind in einem Haushalt leben und
- ihren Wohnsitz in Deutschland haben.

Maßgeblich für die Höhe des Elterngeldes ist bei Arbeitnehmern das Nettoeinkommen der letzten zwölf Monate vor der Geburt des Kindes. Nicht erwerbstätige Elternteile erhalten einen Mindestbetrag von 300 Euro. Bei Selbstständigen sowie bei Eltern, die sowohl Einkünfte aus selbstständiger als auch nichtselbständiger Tätigkeit haben (sogenannte Mischeinkünfte), gilt der letzte abgeschlossene Veranlagungszeitraum (meist das Kalenderjahr) vor der Geburt als Bemessungsgrundlage.

In den Medien und überall da, wo man etwas zu diesem Thema hört, ist häufig von den »zwei Vätermonaten« die Rede. Diese Bezeichnung ist irreführend! Es gibt beim Elterngeld keine speziellen »Vätermonate«, sondern lediglich die beschriebene Begrenzung auf mindestens zwei und höchstens zwölf Monate. Die Aufteilung kann sehr wohl auch anders erfolgen. Jede Kombination der Elterngeldmonate ist möglich, solange die Summe nicht 14 Auszahlungsmonate Basis-Elterngeld übersteigt. So beanspruchen viele Väter beispielsweise direkt nach der Geburt des Babys einen Monat und später nochmals einen oder mehrere Monate Elterngeld.

Die Elterngeldregelung bietet weitere Kombinationsmöglichkeiten. Vater und Mutter können zeitgleich oder nacheinander Elterngeld beanspruchen. Allerdings gilt eine wesentliche Einschränkung: Im ersten Lebensjahr des Kindes darf nur ein Monat Basis-Elterngeld parallel genommen werden. Lediglich bei Kombination mit ElterngeldPlus (siehe ab S. 226) dürfen es auch mehrere Monate gleichzeitig sein. Zudem kann Elterngeld in Zeiten bezogen werden, in denen Sie eine berufliche Auszeit nehmen und ganz aufhören erwerbstätig zu sein (bspw. im Rahmen von Elternzeit). Oder Sie können Elterngeld mit einer Erwerbstätigkeit von bis zu 32 Wochenstunden pro Person verbinden (etwa im Rahmen von Elternzeit mit Teilzeit). Es gibt darüber hinaus zwei Auszahlungsarten von Elterngeld, das sogenannte Basis-Elterngeld und das ElterngeldPlus. Letzteres bietet gerade für Eltern, die im Rahmen der Elternzeitregelung in Teilzeit arbeiten wollen, attraktive Möglichkeiten (siehe Seite 226).

ELTERNZEIT ANKÜNDIGEN UND AUSHANDELN

Jeder Elternteil, der angestellt bei einem Arbeitgeber erwerbstätig ist, hat einen Rechtsanspruch auf 36 Monate Elternzeit (siehe ab Seite 226). Faktisch heißt das, dass Sie die Elternzeit bei Ihrem Arbeitgeber nicht »beantragen«, sondern ihm innerhalb der vorgesehenen Fristen mitteilen müssen, wann Sie in Elternzeit sind, wie Sie es in dem zweijährigen Bindungszeitraum handhaben wollen und ob, wann und in welchem Umfang Sie während der Elternzeit in Teilzeit arbeiten wollen. Für den Wunsch nach Teilzeit (15 bis 32 Wochenstunden) im Rahmen der Elternzeit gibt es bestimmte Voraussetzungen: Sie sind länger als sechs Monate beim Arbeitgeber beschäftigt, der Betrieb

TIPP

Elternzeit, Elterngeld & Co. – Ein Überblick

- **Elterngeld und Elternzeit sind nicht das Gleiche:** Prinzipiell ist es möglich, Elterngeld zu beziehen, ohne in Elternzeit zu sei(beispielsweise bei Nichterwerbstätigkeit oder bei Selbständigkeit). Ebenso kann Elternzeit genommen werden, ohne dabei Elterngeld zu beziehen. In diesem Fall wird der Wegfall von Einkommen durch die Freistellung oder die Stundenreduktion im Rahmen der Elternzeit nicht durch eine Einkommensersatzleistung ausgeglichen.
- **Elternzeit:** Alle abhängig beschäftigten Eltern haben Anspruch auf Elternzeit als unbezahlte berufliche Auszeit zur Betreuung und Erziehung ihres in ihrem Haushalt lebenden Kindes. Elternzeit kann aber auch dazu genutzt werden, die Arbeitszeit für einen befristeten Zeitraum zu reduzieren (auf mindestens 15 und maximal 32 Wochenstunden). Während der Elternzeit besteht zudem die Möglichkeit, Elterngeld zu beanspruchen, um dadurch den Wegfall von Einkommen zu einem gewissen Teil auszugleichen. Ein Anspruch auf Elternzeit (als Auszeit oder als Recht auf Teilzeit) besteht für jeden Elternteil für 36 Monate bis zur Vollendungdes dritten Lebensjahres eines Kindes. 24 Monate davon können in den Zeitraum zwischen dem dritten und dem achten Lebensjahr des Kindes übertragen werden. Die Elternzeit kann in drei Zeitabschnitte aufgeteilt werden. Während der Elternzeit besteht ein besonderer Kündigungsschutz. Nach der Elternzeit gilt der bestehende Arbeitsvertrag wieder regulär und Sie können in der Regel auf Ihren alten Arbeitsplatz zurückkehren. Die Anmeldung der Elternzeit muss schriftlich beim Arbeitgeber erfolgen:
  - bis zur Vollendung des dritten Lebensjahres spätestens sieben Wochen vorher (Kündigungsschutz acht Wochen vorher)

– für den Zeitraum zwischen dem dritten und achten Geburtstag spätestens 13 Wochen vorher (Kündigungsschutz 14 Wochen vorher)

- **Wichtig zudem:** Bei einer Anmeldung von Elternzeit vor dem dritten Geburtstag des Kindes müssen Sie für einen »Bindungszeitraum« von 24 Monatenverbindlich festlegen, für welche Zeiträume Sie in dieser Zeit Elternzeit nehmen wollen.
- **Basis-Elterngeld:** Elterngeld ist eine Einkommensersatzleistung, auf die Eltern Anspruch haben, wenn sie sich um ihr Kind kümmern und dafür zeitweise aufhören zu arbeiten oder Arbeitszeit reduzieren. Elterngeld kann auch von Eltern bezogen werden, die vor der Geburt des Kindes nicht erwerbstätig waren. Elterngeld kann erst nach der Geburt und rückwirkend für drei Monate vor Antragstellung beantragt werden. Es beträgt mindestens 300 € pro Lebensmonat des Kindes für Elternteile, die vor der Geburt kein Erwerbseinkommen hatten. Für Eltern mit Erwerbseinkommen vor der Geburt beträgt das Basis-Elterngeld in der Regel 65 Prozent des (elterngeldrechtlichen)Nettoeinkommens (Höchstbetrag 1.800 €), bei einem Nettoeinkommen von unter 1.240 € erhöht sich die Erstattungsrate zunächst auf bis zu 67 Prozent, bei einem Nettoeinkommen von unter 1.000 Euro steigt sie sukzessive auf bis zu 100 Prozent. Lebt ein Geschwisterkind unter drei Jahren oder leben zwei Geschwister unter sechs Jahren im Haushalt, wird ein Bonus in Höhe von zehn Prozent (mindestens 75 €) gezahlt. Ein Elternteil muss mindestens zwei Auszahlungsmonate und kann maximal zwölf Auszahlungsmonate Basis-Elterngeld in Anspruch nehmen. Basiselterngeld kann nur in den ersten 14 Lebensmonaten des Kindes beansprucht werden. Frauen, die Mutterschaftsgeld beziehen, müssen in diesem Zeitraum gleichzeitig Basis-Elterngeld beanspruchen. Alle finanziellen Mutterschutzleistungen werden darauf angerechnet.

- **ElterngeldPlus:** Jeder Monat Basis-Elterngeld kann als ElterngeldPlus gesplittet und für den doppelten Zeitraum ausgezahlt werden. Möglich sind zudem Kombinationen aus Basis-Elterngeld und ElterngeldPlus. Die finanzielle Zuwendung kann also beispielsweise sechs Monate als Basis-Elterngeld und weitere acht Monate, soweit beide Elternteile Elterngeld beantragen, als 16 Elterngeld-Plus-Monate bezogen werden. Dadurch kann ein Bezug von Elterngeld (als ElterngeldPlus) über den 15. Lebensmonat des Kindes hinaus verlängert werden. Ab dem 15. Lebensmonat muss immer ein Elternteil im Elterngeldbezug sein. Es darf keine Lücke entstehen – anders als in den ersten 14 Lebensmonaten des Kindes. ElterngeldPlus ist besonders empfehlenswert bei Teilzeitarbeit in Elternzeit, weil in diesem Fall der Elterngeldanspruch oft bestmöglich ausgeschöpft werden kann.
- **Partnerschaftsbonusmonate:** Zwei bis vier zusätzliche Monate ElterngeldPlus pro Elternteil können beansprucht werden, wenn beide Elternteile gleichzeitig in diesem Zeitraum ohne Unterbrechung Teilzeit zwischen 24 und 32 Wochenstunden arbeiten. Dies soll Anreize setzen, sich als Eltern Familie und Beruf gleichmäßiger aufzuteilen und dafür Arbeitszeit zu reduzieren. Eine Anrechnung der Höhe des Einkommens auf das Elterngeld erfolgt erst, wenn weitere ElterngeldPlus-Monate beansprucht wurden und das durchschnittliche Einkommen im ElterngeldPlus-Bezug dann über der Hälfte des elterngeldrechtlichen Nettoeinkommens lag. In diesem Fall muss gegebenenfalls ein Teil des Elterngeldes zurückgezahlt werden.
- **Weitere Informationen**finden Sie auf www.familienportal.de.

hat mehr als 15 Beschäftigte und Sie wollen mindestens zwei Monate in Teilzeit arbeiten. Der Arbeitgeber kann den Wunsch nach Teilzeit nur aus dringenden betrieblichen Gründen ablehnen. Dies muss er innerhalb einer Frist von vier Wochen (bei Teilzeit vor dem dritten Geburtstag) beziehungsweise acht Wochen (bei Teilzeit nach dem dritten Geburtstag) schriftlich tun, sonst gilt seine Zustimmung als erteilt.

Arbeitgeber schätzen es, wenn sie frühzeitig erfahren, dass ein Mitarbeiter in Elternzeit gehen will. Erweiterten Kündigungsschutz haben Sie jedoch erst ab der siebten Woche vor Beginn der Elternzeit. Fühlen Sie sich in Ihrem Arbeitsverhältnis sicher? Dann könnten Sie Ihrem direkten Vorgesetzten die Elternzeit schon vor dieser Frist ankündigen. Sind Sie dagegen unsicher, halten Sie die Frist besser ein. In jedem Fall ist es gut, wenn Sie sich bereits vorab Gedanken dazu machen, welche Arbeiten und Projekte Sie noch vor Ihrer Elternzeit erledigen können, was von wem während Ihrer Elternzeit abgedeckt werden kann und was eventuell liegen bleiben darf. Zur Vorbereitung eines solchen Gesprächs kann die Broschüre »So sag ich's meinen Vorgesetzten « (www.bmfsfj.de) und ein Gespräch mit dem Betriebs- oder Personalrat helfen. Über die Elternzeit hinaus gibt es über das »Teilzeit- und Befristungsgesetz« weitere Möglichkeiten, Arbeitszeit zu reduzieren, entweder dauerhaft oder befristet über die sogenannte Brückenteilzeit.

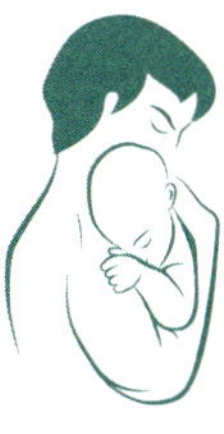

ERFAHRUNGSBERICHT

Stephen, 43, sechs Kinder

Ich konnte nach Vereinbarungen mit meiner Firma meine Arbeitszeit auf 25 Stunden in der Woche reduzieren, davon 50 Prozent von zu Hause aus. Jeden Morgen arbeite ich drei bis vier Stunden im Büro. Dann hole ich die Kinder von der Schule ab und bringe sie zum Hort. Nachmittags arbeite ich zu Hause weiter. All das ist vertraglich vereinbart und funktioniert prima. Ich bin sehr geschätzt in der Firma.

Zufriedene Väter: ein Gewinn fürs Unternehmen!

In der Arbeitswelt ist das Thema Väter und Elternzeit in den letzten Jahren ein großes Stück vorangekommen. Unternehmen wissen, dass es für viele Väter nach der Geburt eines Kindes zur Normalität geworden ist, in Elternzeit zu gehen – in manchen Unternehmen gibt es sogar bereits eine Art »Elternzeitkultur«, die die Väter ausdrücklich einbezieht.

Erkunden Sie die Väterfreundlichkeit Ihres Unternehmens und helfen Sie möglichst dabei mit, eine solche Kultur zu etablieren. Seien Sie neugierig und optimistisch! Viele skeptische Väter sind überrascht, wie positiv ihr Elternzeitanliegen aufgenommen wurde und wie unspektakulär alles verlief – von der Ankündigung über den »Ausstieg« bis zum Wiedereinstieg und der Zeit danach.

Viele Unternehmen sind mittlerweile durchaus »väterfreundlich«. Im Wesentlichen geht es dabei um eine Haltung, die zum Beispiel in Unternehmensleitsätzen verankert ist. Oft wird diese Haltung auch »Familienfreundlichkeit« genannt. Wichtiger als das »Etikett« ist jedoch die gelebte Realität im unmittelbaren Arbeitsumfeld, im Umgang mit direkten Vorgesetzten und Kolleginnen und Kollegen

- Väter, die Familie und Beruf besser vereinbaren können, sind in der Regel besonders motivierte Mitarbeiter. Sie gehen gerne zur Arbeit, schätzen ihre Firma mehr und setzen sich stärker für ihr Unternehmen ein – nach innen und nach außen.
- Väter, die sich um die Vereinbarkeit von Familie und Beruf keine Sorgen machen müssen, sind konzentrierter und deshalb leistungsfähiger. Flexible Arbeitszeiten tragen dazu bei.
- Väter erwerben im Umgang mit ihren Kindern wichtige Fähigkeiten, sogenannte »soft skills« (Sozial- und Führungskompetenzen), die ihnen im Beruf zugutekommen. Sie müssen Wichtiges von Unwichtigem unterscheiden, Prioritäten setzen und entscheiden. Zugleich müssen sie vermitteln können und tragfähige Lösungen finden. Ein Beispiel: Ihr Kind schreit. Sie müssen schnell die Ursache herausfinden. Hat es Schmerzen, Hunger oder ist es müde? Eine rasche Analyse ist gefragt, gegebenenfalls mittels eines einfühlsamen Interviews, und dann zielgerichtetes, lösungsorientiertes Handeln.
- Väter, die sich auch zu Hause engagieren, können sich besser auf mehrere Dinge gleichzeitig konzentrieren (»Multitasking«). Wer den Tag mit Kindern verbringt, ist fast ständig mehrfach gefordert.
- Väter vergrößern in ihrer Familienarbeit ihre »emotionale Intelligenz«. Im Umgang mit ihrem Kind ist ständig Empathie gefragt, also die Fähigkeit, sich in einen anderen Menschen einzufühlen.
- Zusammengefasst: Mit flexiblen Arbeitszeitlösungen und einer väterfreundlichen Firmenkultur können »Win-win-Lösungen« erzielt werden: Mitarbeiter und Unternehmen gewinnen!

So schaffen Sie Zeit für Ihr Kind

ZEITFENSTER FESTLEGEN

Zum Zeitmanagement gehört, Wichtiges von Unwichtigem zu unterscheiden, das heißt Prioritäten zu setzen. Geben Sie der Zeit für Ihr Kind eine hohe Priorität. Am besten machen Sie dafür drei rote Ausrufezeichen im Terminkalender.
Aber wann? Schauen Sie sich Ihren Wochen- und Monatsplan an. Sie kennen Ihre Arbeitswoche mit ihren Rhythmen, festen Terminen, den Trubelphasen … Dann wissen Sie auch, wann weniger los ist und wann Sie flexibler sind.

Wenn Sie etwa an zwei Arbeitstagen in der Woche zur gängigen Feierabendzeit das Büro verlassen können: wunderbar! Dann markieren Sie diese Termine für einige Wochen im Voraus klar und eindeutig als Vater-Kind-Zeit. Schreiben Sie den Namen Ihres Kindes in das Zeitfenster – mindestens einmal in jeder Woche. Falls Ihnen das etwas umständlich erscheint: Nach unserer Erfahrung aus Gesprächen mit Vätern wissen wir, dass an Vater-Kind-Zeiten, die als deutliche »Pflöcke« im Kalender sichtbar sind, selten gerüttelt wird!

Äußern Sie Ihre Interessen als Vater auch im Betrieb. Sprechen Sie mit Ihren Kollegen – zum Beispiel in der Mittagspause – darüber, was Sie mit Ihren Kindern gern unternehmen und dass Sie gern mehr Zeit mit ihnen verbringen. Sie werden schnell feststellen, dass Sie mehr Verbündete haben, als Sie geglaubt hätten. Kommunikation über Interessen von Vätern ist ein wichtiger Beitrag zu einer väterfreundlicheren Arbeitskultur!

DIE WOCHE ENTSCHLACKEN

Verabschieden Sie sich jetzt von ungeliebten Zeitfressern, die ohnehin nur Ballast für Sie waren. Es gibt keinen besseren Grund als diesen: »Ich möchte mehr Zeit für meine Familie, für mein Kind haben.« Wenn Sie noch die ehrenvolle Aufgabe des Kassierers im Fußballverein oder Männerchor innehaben: Erklären Sie jetzt feierlich Ihren Verzicht.

Oder steht vielleicht in Ihrer Garage immer noch die schöne, aber reparaturbedürftige 1985er Moto Guzzi, die Sie seit Jahren versuchen wieder flottzukriegen? Ziehen Sie ihr erst einmal eine Plastikplane über: Schon haben Sie eine Last weniger und mehr Zeit für Ihre neue Freizeitbeschäftigung: Ihr Kind. Vielleicht haben Sie und Ihr Kind in einigen Jahren Spaß dabei, Ihr Hobby wiederaufleben zu lassen.

EXKLUSIVE PAPA-ZEITEN

Im Alltag verankerte Vater-Kind-Zeiten – das geht besonders gut, wenn Sie mit Ihrem Kind regelmäßig zu einem festen Termin zu einer organisierten Veranstaltung gehen. Zum Beispiel samstagvormittags zu einem Vater-Kind-Treff oder zum Babyschwimmen. Exklusive Zeiten stärken Ihre Beziehung zueinander und Sie entwickeln noch mehr Sicherheit im Umgang miteinander. Dabei geht es oft ums »einfach da sein«. Es muss nicht immer »Action« sein.

VEREINBARUNGEN EINHALTEN

Kinder brauchen Verlässlichkeit. Ihr Kind hat schon jetzt ein gutes Zeitgefühl, auch wenn es die Uhr noch nicht lesen kann. Zu der Zeit, in der Sie normalerweise von der Arbeit nach Hause kommen, erwartet es Sie sehnsüchtig. Wenn Sie also gerade gehen wollen und ein Kollege Sie schnell noch um einen kleinen Gefallen bittet – dann werben Sie für Verständnis: Sie sind mit Ihrem Kind verabredet! Gleichwohl gilt es auch hier nach Wichtigkeit zu unterscheiden: Das Gespräch mit dem Chef über die anstehende Gehaltserhöhung kann durchaus ein Grund sein, kurz zu Hause anzurufen, um zu sagen, dass es etwas später wird. Aber in der Regel sollten Sie es sich zur Gewohnheit machen, feste »Verabredungen« und Zeiten mit Ihrem Kind verbindlich einzuhalten.

AKTIVE VÄTER BRAUCHEN ERHOLUNG

Viel Arbeit, möglichst viel Zeit für die Familie, viel Engagement im Haushalt: Väter (wie Mütter) schaffen all dies nur, indem sie auf Schlaf verzichten – und auf Freizeit. Das klingt nach Mangel. Mangel jedoch ist ungesund und macht unzufrieden. Versuchen Sie für Ausgleich zu sorgen und auch für sich was zu tun.

- Treiben Sie Sport! Ein- oder zweimal in der Woche Joggen, Radfahren, Volleyball- oder Fußballtraining, Fitnesscenter etc. sollte drin sein. Aber: Realisieren Sie lieber einen regelmäßigen Termin pro Woche, als sich darüber zu ärgern, dass es dreimal pro Woche nicht klappt.
- Viel Action mit einem kleinen Kind kann den Rücken stark belasten! Regelmäßiges Training Ihrer Rücken- und Bauchmuskulatur beugt Schmerzen und Wirbelsäulenschäden vor. Auch ein lustiges Krafttraining mit Baby ist möglich – schauen Sie bei Youtube nach »Workout mit Baby«.
- Sprechen Sie mit Ihrer Partnerin ab, wann wer von Ihnen seine/ihre Zeiten für Sport oder andere »eigene« Aktivitäten hat. Schaffen Sie sich wechselseitig kinderfreie Zeiten. Nutzen Sie Ihre Zeit mit Kind, um mit ihm etwas zu unternehmen,

rauszugehen, eine Babymassage zu genießen oder um abends ein paar Dinge im Haushalt zu erledigen.

- Schaffen Sie sich als Paar Möglichkeiten für Zeit zu zweit. Verabreden Sie mit einem zuverlässigen Babysitter, möglichst »auf Abruf« bereit zu sein, wenn Ihr Kind schläft. Endlich mal wieder ins Kino oder nett essen gehen, das tut Ihrer Partnerschaft enorm gut.
- Gestalten Sie Ihre gemeinsame Freizeit mit Kind so, dass sie auch Ihnen Spaß macht: Picknick mit anderen Eltern, Radfahren/Skaten mit Kind im Hänger, Kinder beim Basteln/Heimwerken, Kochen einbeziehen: mitmachen lassen, miteinander gestalten und gemeinsam erleben.
- Behalten Sie auch Ihr privates Netzwerk im Blick. Treffen Sie gelegentlich gute Freunde, die Ihnen wichtig sind. Wenn Ihre Freunde auch Väter sind, dann haben Sie für den Rest Ihres Lebens eine nie versiegende Quelle für gute Gespräche. Denn: Väter bleiben immer Väter, genauso wie Kinder immer Kinder bleiben. Nutzen Sie die Chance, über Sorgen und Ängste, aber auch über die vielen positiven Erlebnisse und Gefühle zu sprechen, die mit Vaterschaft verbunden sind.
- Zeit »nur für sich« gehört selbstverständlich auch dazu. Denn: Ein ausgeglichener Vater hat noch mehr Spaß am Leben mit seinem Kind.

»Sobald der Geist auf ein Ziel ausgerichtet ist, kommt ihm vieles entgegen.«

JOHANN WOLFGANG VON GOETHE | DEUTSCHER DICHTER (1749–1832)

Literatur und Adressen, die weiterhelfen

Quellen

Seite 9: Petzold, M., *Vaterschaft heute*, www.familienhandbuch.de

Seite 10: Fthenakis, W. E. (2006), *Facetten der Vaterschaft*

Seite 13: *Engagierte Vaterschaft*; Kucklick, Ch.: *Was Vatersein so besonders macht*; GEO 01/2001; Le Camus, J. (2005), *Väter*

Seite 142: Hucklenbroich, Ch., *Die schlaflosen Jahre*; FAZ, 23. 11. 2011

Seite 171: Fthenakis, W. E. u. a. (2002), *Paare werden Eltern*

Seite 218: Fthenakis, W. E.; Minsel B. (2002), *Die Rolle des Vaters in der Familie*; väter ggmbh (2012), *Trendstudie Moderne Väter* IFD; Allensbach (2015), *Weichenstellungen für die Aufgabenteilung in Familie und Beruf*; Kassner, K. (2019), *Aktive Vaterschaft in der frühen Bildung*, in: Correll, L.; Lepperhoff, J. (Hg.), *Teilhabe durch frühe Bildung*; Beltz, Seite 237–248.

Literatur

Männer & Väter

Ich bin dabei – Vater werden und *Mann wird Vater*; www.bzga.de

»So sag ich's meinen Vorgesetzten« – Hinweise zur Ankündigung von Elternzeit bei Arbeitgebern; kostenlos unter www.bmfsfj.de

Löffler, C. u. a., *Männer weinen nicht*; Goldmann

Süfke, B., *Männer. Erfindet. Euch. Neu. Was es heute heißt, ein Mann zu sein*; Mosaik und *Männerseelen. Ein psychologischer Reiseführer*; Goldmann

Thomä, D., *Väter. Eine moderne Heldengeschichte*; dtv

Schwangerschaft und Geburt

Bloemeke, V. J., *Alles rund ums Wochenbett* und *»Es war eine schwere Geburt«*; Kösel

Stadelmann, I., *Die Hebammensprechstunde*; Stadelmann

Stern, A./Kuon, M., *Hallo Hebamme*; GU

Wagner, Dr. med. K., *Richtig schwanger*; GU

Baby & Kind

Gaca, A., *Babyernährung*; GU

Largo, R. H., *Babyjahre. Die frühkindliche Entwicklung aus biologischer Sicht*; Piper

Nolden, A./ Nolte, Dr. med. S. H., *Das große Buch für Babys erstes Jahr*; GU

Partnerschaft

Clement, U., *Guter Sex trotz Liebe*; Ullstein und *Think Love: Das indiskrete Fragebuch*; Rogner & Bernhard

Gottman, J., *Die 7 Geheimnisse der glücklichen Ehe*; Ullstein

Schott, O., *Lob der offenen Beziehung*; Bertz & Fischer

Adressen

Schwangerschaft, Geburt, Familie

Hebammensuche
www.gkv-spitzenverband.de (Schlagwort Hebammenliste); www.hebammenverband.de; www.bfhd.de

Schwangerschaft, Geburt
www.profamilia.de

Beratungsadressen
www.familienplanung.de
www.profamilia.de

Informationen zu allen Familienthemen
www.familienhandbuch.de

Geburtshäuser
www.hebammenverband.de/familie/geburtshaeuser/

Frühförderprogramm
www.pekip.de

Kindergesundheit
www.kindergesundheit-info.de

Infos zu Wochenbett-depressionen
www.schatten-und-licht.de

Geburtsbegleitung durch Doulas
www.doulas-in-deutschland.de

Kind & Karriere

Familienbezogene Leistungen im Überblick
www.familienportal.de

Infos zum Bundeselterngeld- und Elternzeitgesetz
www.bmfsfj.de

Infoportal des Bundesfamilienministeriums
www.familienportal.de

Männer & Väter

Für Väter in Berlin. Spiel, Abenteuer, Information, Beratung, Freizeit
www.vaeterzentrum-berlin.de

Trennung, Sorgerecht & Co

Trennung meistern
www.stark-familie.info

Ansprechpartner für Väter in Trennung www.vafk.de

Österreich

Männerspezifische Anliegen; Broschürenservice
www.sozialministerium.at (Schlagwort Väter)

Männer- und Väterberatung Wien www.maenner.at

Elternkarenz in Österreich
www.oesterreich.gv.at (Schlagwort Elternkarenz)

Hebammenhilfe
www.hebammen.at

Schweiz

Hebammenhilfe
www.hebammen.ch

Elternzeitschrift
www.fritzundfraenzi.ch

Männer und Väter
www.maenner.ch/niudad/

Register

DR. ROBIN RICHTER, ist Vater zweier erwachsener Kinder, hat Erziehungswissenschaften studiert, zu Vätern in Elternzeit promoviert, verschiedene Weiterbildungen u.a. in Systemischer Beratung und Sexualberatung und -therapie absolviert und mehrere Jahre bei pro familia gearbeitet.
Robin arbeitet an der Hochschule Fulda in der psychosozialen Beratung für Studierende und freiberuflich rund um die Themen Sexualität, Beziehungen und Elternschaft. *www.robinrichter.eu*

EBERHARD SCHÄFER, Jahrgang 1962, Diplom-Politologe sowie systemischer Berater und Therapeut, ist verheiratet und Vater eines erwachsenen Sohnes. Er ist Väter- und Paarberater im Väterzentrum Berlin und hat viele Jahre Praxiserfahrung in der Durchführung von Kursen und anderen Angeboten. Als Fachberater, Referent, Fortbildner und Autor arbeitet er auf vielen Ebenen zum Thema Väter.
www.vaeterzentrum-berlin.de

LIEBE LESERINNEN UND LESER,

wir wollen Ihnen mit diesem Buch Informationen und Anregungen geben, um Ihnen das Leben zu erleichtern oder Sie zu inspirieren, Neues auszuprobieren. Wir achten bei der Erstellung unserer Bücher auf Aktualität und stellen höchste Ansprüche an Inhalt und Gestaltung. Alle Anleitungen und Rezepte werden von unseren Autoren, jeweils Experten auf ihren Gebieten, gewissenhaft erstellt und von unseren Redakteur*innen mit größter Sorgfalt ausgewählt und geprüft.

Haben wir Ihre Erwartungen erfüllt? Sind Sie mit diesem Buch und seinen Inhalten zufrieden? Wir freuen uns auf Ihre Rückmeldung. Und wir freuen uns, wenn Sie diesen Titel weiterempfehlen, in Ihrem Freundeskreis oder bei Ihrem Online-Kauf.

Sollten wir Ihre Erwartungen so gar nicht erfüllt haben, tauschen wir Ihnen Ihr Buch jederzeit gegen ein gleichwertiges zum gleichen oder ähnlichen Thema um.

KONTAKT ZUM LESERSERVICE

GRÄFE UND UNZER VERLAG
Grillparzerstraße 8
81675 München
www.gu.de

IMPRESSUM

www.gu.de/kontakt | hallo@gu.de

ISBN 978-3-8338-7423-9

11. Auflage 2026

Aktualisierte und erweiterte Neuausgabe von »Das Papa-Handbuch«, GRÄFE UND UNZER VERLAG GmbH, 2013, ISBN 978-3-8338-3129-4

Projektleitung:
Petra Bradatsch/Nadine Widl

Lektorat: Margarethe Brunner

Bildredaktion:
Simone Hoffmann/Angela Kotow

Umschlaggestaltung und Layout: independent Medien-Design, Horst Moser, München

Herstellung:
Susanne Fuhrmann

Satz: Uhl + Massopust, Aalen

Repro: Longo AG, Bozen

Druck & Bindung:
DZS Grafik, d.o.o., Slowenien

Die GU-Homepage finden Sie unter www.gu.de

Bildnachweis

Cover: Getty Images;
Autorenfotos: Nicole Dietzel www.dinias.de (Robin Richter), privat (Eberhard Schäfer);
Illustrationen: Stefan Bachmann
Weitere Bilder: Getty Images: S. 14, 84; Plainpicture: S. 4, 122, 160; Stocksy: S. 6, 54, 140, 216; iStock: S. 30;

Syndication:
www.imageprofessionals.com

Wichtiger Hinweis

Die Gedanken, Methoden und Anregungen in diesem Buch stellen die Meinung bzw. Erfahrung der Verfasser dar. Sie wurden von den Autoren nach bestem Wissen erstellt und mit größtmöglicher Sorgfalt geprüft. Sie bieten jedoch keinen Ersatz für persönlichen kompetenten medizinischen Rat. Jede Leserin, jeder Leser ist für das eigene Tun und Lassen auch weiterhin selbst verantwortlich. Weder Autoren noch Verlag können für eventuelle Nachteile oder Schäden, die aus den im Buch gegebenen praktischen Hinweisen resultieren, eine Haftung übernehmen.